Arnold Genthe

Deutsches Slang

Eine Sammlung familiärer Ausdrücke und Redensarten

Arnold Genthe

Deutsches Slang

Eine Sammlung familiärer Ausdrücke und Redensarten

ISBN/EAN: 9783743698123

Hergestellt in Europa, USA, Kanada, Australien, Japan

Cover: Foto ©Andreas Hilbeck / pixelio.de

Weitere Bücher finden Sie auf **www.hansebooks.com**

Deutsches Slang.

Eine Sammlung

familiärer Ausdrücke und Redensarten.

Zusammengestellt

von

Arnold Genthe.

Straßburg.
Verlag von Karl J. Trübner.
1892.

Lisa de F. Downer

gewidmet.

Einleitung.

Die vorliegende Sammlung enthält familiäre, nicht schriftgemäße, aber von den gebildeten Klassen in der zwanglosen Unterhaltung allgemein gebrauchte deutsche Ausdrücke und Redensarten, die man unter keiner anderen gemeinsamen Bezeichnung zusammenfassen konnte als dem englischen Worte „Slang." --

Denn unter Slang versteht man im Englischen, außer der technischen Sprache bestimmter Klassen (z. B. der Sportsleute, der Schauspieler ꝛc.) vor Allem eine gemütliche Ausdrucksweise, wie sie in der Unterhaltung mehr oder minder zur Geltung kommt.

Wir besitzen derartige, dem englischen Slang entsprechende Ausdrücke in großer Anzahl, haben aber merkwürdiger Weise keine zusammenfassende Bezeichnung für dieselben. Dies hat seinen Grund jedenfalls darin, daß man das deutsche Slang bis jetzt noch nie als Sondergruppe unserer Sprache betrachtet hat, was um so eher erklärlich ist, als ein allgemeines, in ganz Deutschland bekanntes und gebrauchtes Slang, erst seit verhältnismäßig kurzer Zeit zu konstatieren ist, wie ich weiter unten ausführen werde.

Wir müssen uns vorläufig mit dem fremden Worte Slang behelfen.

In Folgendem habe ich nun deutsche slangartige Wörter und Redensarten lexikographisch geordnet und erklärt. Sie einmal zusammen zu stellen, und überhaupt auf das Vorhandensein deutschen Slangs hinzuweisen, das war der eine Zweck dieser Sammlung.

Auf Vollständigkeit * macht sie übrigens in keiner Weise Anspruch, die ganz zu erreichen ja unmöglich ist bei einem Wörterbuch, das es mit Ausdrücken einer lebenden, täglich Neues schaffenden, immer fluktuierenden Sprache zu thun hat.

Aber auch die erreichbare Vollständigkeit habe ich mir nicht zum Ziel gesetzt, — dazu wäre noch manches Jahr emsigen Sammelns, und nicht allein von Seiten eines Einzelnen, nötig —, da ich mit dem wissenschaftlichen Zweck vor Allem einen praktischen verband.

Ich hatte beobachtet, daß der Ausländer, der sich mit der Erlernung unserer Sprache beschäftigt, auch wenn er schon über einen großen Vokabelschatz verfügt, in der Unterhaltung mit uns oft auf Wörter und Wendungen stößt, die ihm in der angewandten Bedeutung oder von vorn herein nicht verständlich sind — eben unsere im ungebundenen täglichen Verkehr so häufig gebrauchten Slang=Ausdrücke. Er fragt sein Wörterbuch um Rat, doch dieses läßt ihn in den meisten Fällen im Stich. — Diesem Mangel wenigstens in etwas ab=

---

* Die Sammlung enthält ca. 1500 Wörter u. Redensarten.

zuhelfen, das ist die praktische Aufgabe vorliegender Sammlung.

Um dieselbe möglichst weiten Kreisen zugänglich zu machen, sind alle obscönen und anstößigen Ausdrücke gemieden worden, die nicht fehlen dürften in einer rein wissenschaftlichen Sammlung, die das gesamte Gebiet deutschen Slangs umfaßte. Da müßten, neben den technischen Ausdrücken der verschiedensten Berufszweige, verzeichnet sein alle die den untersten Schichten unseres Volks eigentümlichen Wortbildungen und Redensarten, unter denen sich naturgemäß eine große Anzahl der gemeinsten Wörter finden, die in der Unterhaltung der gebildeten Gesellschaft nicht vorkommen. — Und es war für diesmal nur meine Absicht, das Slang, wie es wirklich in der Gesellschaft gesprochen wird, zu sammeln. Eine umfassende Darstellung des ganzen deutschen Slangs zu geben, wäre jedenfalls eine sehr verdienstvolle Arbeit.

Es war vorhin gesagt worden, ein **allgemeines** deutsches Slang sei erst verhältnismäßig jungen Ursprunges. Ich begründe dies folgendermaßen: zu der Zeit, wo Deutschland noch keine Eisenbahnen hatte, drangen die sprachlichen Eigentümlichkeiten eines bestimmten Gebietes, — die auf Verbreitung durch mündliche Rede angewiesen waren — nur sehr spärlich und langsam über dasselbe hinaus. Jetzt dagegen, wo durch die ausgedehnten Verkehrserleichterungen, wie sie die letzten Jahre geschaffen, die Schranken zwischen den einzelnen Sprachgebieten gefallen sind, hat eine Diffusion des Sprachschatzes der einzelnen Bezirke stattgefunden, die zur Folge hatte, daß zunächst ein gewisser Bestand=

teil der Hauptmundarten Allgemeingut geworden ist, daß aber ferner auch besonders drastische, schlagende Ausdrücke, die irgendwo erfunden, schnell ihren Weg überallhin fanden, und nun von Jedermann gebraucht werden.

Bei der Wahl der hierher gehörigen mundartlichen Wörter und Redensarten war für mich der Gesichtspunkt maßgebend, daß davon zum allgemeinen deutschen Slang das zu rechnen ist, was sich aus unserem heimischen Dialekt-Wörterbüchern als gemeinsamer Bestand ausscheiden läßt; und das ist eine nicht geringe Menge. — Das so gewonnene Material wurde ergänzt und berichtigt durch Beobachtungen, die ich persönlich in verschiedenen Dialektgebieten unseres Vaterlandes machen konnte.

Wenn zum allgemeinen Slang die niederdeutsche Mundart das meiste beigetragen hat, so darf man sich nicht darüber wundern. Bildet doch eine auf niederdeutschem Boden liegende Stadt den geistigen und staatlichen Mittelpunkt unseres Landes, das vor allen anderen Städten von Deutschen am meisten besuchte Berlin.

Neben den mundartlichen Ausdrücken bilden einen weiteren Hauptbestandteil unseres Slang Wörter, die zwar der hochdeutschen Schriftsprache angehören, die aber durch eine übertragene Bedeutung slangartigen Charakter erlangt haben.

Es sind einmal solche, die zur Erzielung größerer Anschaulichkeit der Rede gebraucht werden. Dem Sprechenden genügt der übliche Ausdruck nicht, er ersetzt ihn durch einen greifbareren. So sagt man z. B. für jem. heftig anfahren ‚anblasen‘, ‚anhauchen‘; statt jem. etw. wegnehmen ‚abnöpfen‘, ‚ausführen‘, ‚ausspannen‘; statt jem. zur Rede stellen, sich jem. ‚angeln‘, ‚langen‘, ‚laufen‘; umständlich ist ‚langstielig‘, verstimmt ist ‚verschnupft‘ u. s. w.

Andererseits gehören hierher Ausdrücke, die ihre Anwendung dem Mangel geistiger Anspannung des Redenden verdanken; er setzt in allen möglichen und unmöglichen Fällen dasselbe Wort zum Ausdruck der verschiedensten Anschauungen. Was bezeichnet man z. B. nicht alles mit ‚Geschichte‘, ‚Dings‘, ‚Zeug‘, Ausdrücke, die der Student auch durch ‚Kiste‘ und ‚Mimik‘ ersetzt.

Von neuen Wortschöpfungen sind am zahlreichsten die, welche mit Anlehnung an einen schon vorhandenen Stamm logisch gebildet sind, z. B. ‚sich anbiedern‘ = sich gemütlich mit jem. anfreunden; ‚benebelt‘ = bezecht; ‚sich ranschlängeln‘ = sich vorsichtig nähern; ‚säbeln‘ = ungeschickt schneiden; ‚vertrommeln‘ = durchprügeln u. s. w.

Sehr häufig sind ferner die Neubildungen, die nur eine absichtliche Verdrehung von Schriftworten sind, z. B. ‚befriedericht‘ = befriedigt; ‚lächerbar‘ = lächerlich; ‚Gemeinerei‘ = Gemeinheit; ‚Koofmich‘ = Kaufmann; ‚Schiedunter‘ = Unterschied; ‚vorbeigelingen‘ = mißlingen. — Eng mit diesen verwandt sind die Ausdrücke, die durch Französierung oder Latinisierung deutscher Worte entstanden sind. Französierte: z. B. ‚Dicktitüde‘ = Dicke; ‚knappemang‘ = knapp (adv.); ‚Stellage‘ = Gestell; ‚schauderös‘ = schauderhaft u. s. w. — Latinisierte: z. B. ‚Dickus‘ = Dicker; ‚Freßalien‘ = Eßwaaren; ‚Sammelsurium‘ = Sammlung (von allerhand unnützen Dingen); ‚schnabulieren‘ = behaglich essen; ‚Schwachmatikus‘ = Schwächling u. s. w.

Aus dem Judendeutsch haben wir eine ganze Anzahl Wörter in unser Slang aufgenommen, z. B.: bebibbert, Dalles, meschugge, Mumpitz, schofel 2c. 2c.

Sodann onomatopoetische Ausdrücke: ‚bimmeln' bezeichnet das helle Läuten einer Glocke; ‚brotzeln' den Ton, der bei langsam in Butter Gebratenem entsteht; ‚bumsen' dumpfen, durch Schlagen hervorgebrachten Lärm; ‚quurksen' den Laut, den das Gehen in ganz durchnäßten Schuhen verursacht u. s. w.

Ganz willkürlich erfundene Ausdrücke sind als letzte Gruppe der Neubildungen zu erwähnen. Von ihnen weist die Studentensprache eine verhältnismäßig große Zahl auf, da der Student, in dem Bestreben, sich in Aeußerlichkeiten von der großen Masse abzuschließen und originell zu erscheinen, auch neue Wörter und Redensarten für seinen Gebrauch erfindet, die übrigens schnell teilweise weitere Verbreitung finden, (worauf weiter unten noch einmal hingewiesen ist) z. B.: ‚Bammel' = Angst; ‚beichseln' = machen, zu Stande bringen; ‚korksen' = schlecht, ungeschickt ausführen; ‚Menkenke' = Ausflüchte; ‚Schwipps' = kleiner Rausch u. s. w.

Zum ‚Slang' könnte man auch die Ausdrücke rechnen, die mit Anlehnung an den Namen einer bekannten politischen oder litterarischen Persönlichkeit entstanden sind. (Ein Kritiker erfand z. B. das Wort ‚zu Tode birchpfeifern' für das unmotivierte aus dem Leben schaffen einer Person in einem Theaterstück, wie es bei Charlotte Birch-Pfeifer häufig vorkommt). Derartige Ausdrücke sind jedoch hier nicht berücksichtigt, da sie in den vorgezeichneten Rahmen nicht hineinpassen.

Ich habe in Obigem nur die Hauptgruppen des deutschen Slang herausgegriffen. Eine ausführliche Darstellung behalte ich mir für eine spätere Gelegenheit vor. — Ich will nur noch darauf hinweisen, daß slangartig auch die einfachen Nachlässigkeiten in der Aussprache sind, wie wir sie uns täglich zu Schulden kommen lassen, wenn man z. B. sagt ‚is‘ statt ist; ‚nich‘ statt nicht; ‚nix‘ für nichts; ‚mal‘ für einmal; ‚rum‘ für herum; ebenso ‚rauf‘, ‚raus‘, ‚runter‘ u. s. w.

Die allgemeine Verbreitung des Slang ist eine größere, als man gemeiniglich anzunehmen geneigt sein dürfte. — Da unser Blick über alltägliche Dinge leicht hinweg sieht, so kommt bei einer so alltäglichen Sache wie der Umgangssprache es den Meisten gar nicht zum Bewußtsein, wie außerordentlich viel nicht schriftgemäße, familiäre Ausdrücke wir verwenden. Man beobachte nur einmal mit kritischem Blick die Unterhaltung seiner Angehörigen, seiner Bekannten, die Gespräche auf der Straße, im Pferdebahnwagen ꝛc., man wird erstaunt sein über die Menge von Slang=Ausdrücken, die im täglichen Verkehr angewandt werden.

Es ist hier der Ort zu erwähnen, daß es eine ganze Anzahl von slangartigen Wörtern giebt, die innerhalb eines kleinen Kreises entstanden, sich dort lebendig erhalten, ohne durch weitere Verbreitung das Recht zu erwerben, zum deutschen Sprachschatz zu gehören. Jeder wird Beispiele davon anführen können. — In einem meiner Bekanntenkreise war z. B. lange Zeit das Wort ‚pöbeln‘ = sich pöbelhaft betragen, nebst allen möglichen, ganz logisch gebildeten Compositis in

Gebrauch: jem. ‚anpöbeln' = grob anfahren; sich ‚anpöbeln' = sich unachtsam, unordentlich anziehen; jem. ‚abpöbeln' = sich von jem. auf wenig höfliche Weise losmachen, ihn schroff abweisen; ‚rumpöbeln' = herumstrolchen u. s. w.

Auch viele Worte, die Kinder (besonders für Speisen ꝛc.) erfunden haben, gehören hierher; sie vererben sich in der betreffenden Familie von einer Generation zur andern, ohne außerhalb derselben verstanden zu werden. Auf derartige Ausdrücke ist natürlich keine Rücksicht genommen worden. Zu ihnen wird vielleicht manches gehören, was der deutsche Leser vergeblich in dieser Sammlung sucht.

Wichtig für die Verbreitung des Slang sind in hohem Grade unsere modernen Theaterstücke, Operetten, Romane, humoristischen Schriften, Witzblätter ꝛc. Das Theater und die belletristische Litteratur sind besonders in letzter Zeit wichtig in dieser Hinsicht geworden, weil jetzt allmählig die Leute dort aufhören, eine künstliche Theater- und Romansprache zu sprechen, und vielmehr reden, ‚wie ihnen der Schnabel gewachsen ist.'

Einen nicht unwesentlichen Faktor für die Verbreitung unseres Slang bilden, wie schon angedeutet, die Universitäten. Die Ungebundenheit des akademischen Lebens bringt es mit sich, daß die Studenten sich mit Vorliebe einer ungezwungenen, freien Redeweise bedienen, die an Slangausdrücken — ich meine hier nicht nur die spezifisch studentischen (f. Seite X) — reich ist. Und wenn sie dann, die aus den verschiedensten Gegenden Deutschlands kamen, nach längerer oder kürzerer mitein-

anber verlebter Zeit wieder in ihre betreffende Heimat
zurückkehren, bringen sie viele dieser Slang=Ausdrücke
dorthin mit; gar manche finden in der Familie wegen
ihrer Knappheit, ihrer humorvollen Färbung Anklang,
bürgern sich ein und erobern sich so immer weitere Kreise.

Ich will nicht versäumen, auf das Parlament als
Verbreiter des Slang hinzuweisen. Wie viele Redner
greifen nicht in der Hitze des Gefechts zu einem kräftigen
Slang=Ausdruck, um ihren Worten mehr Nachdruck zu
verleihen. Solchen Gelegenheiten verdanken nicht wenige
Slang=Worte ihre allgemeine Anwendung. Ich erinnere
nur an Bismarck, der manch ‚geflügeltes Wort' dieses
Genres geschaffen hat.

Ich wiederhole zum Schluß, daß die vorliegende
Sammlung ihren Zweck erreicht hat, wenn sie zum
weiteren Sammeln deutscher Slang=Ausdrücke anregt,
und, auch in der gegenwärtigen skizzenhaften Gestalt, Aus=
ländern ein Hilfsmittel beim Erlernen unserer Sprache ist.

Hamburg 13, Sommer 1891.

Arnold Genthe.

abdampfen, v. int., abfahren, abreisen.

aber! interj., zur Verstärkung in Ausrufen wie: nein aber! nu aber! aber nein! Verwunderung ausdrückend.

abgebrannt, a., ohne Geldmittel.

abgewunken, part., scherzhaft für abgewinkt.

abhaspeln, v. tr., ein Musikstück, Gedicht ꝛc. schnell, ohne Ausdruck, flüchtig vortragen.

abjachern, v. refl., sich durch übermäßige Anstrengung außer Atem bringen, sich abhetzen.

abklabastern, v. refl., sich abarbeiten, sich abmühen, sich unruhig hin und her bewegen.

abknöpfen, v. tr., jemandem etwas, jem. etw. heimlich oder durch listige Ueberredung wegnehmen.

abknutschen, v. tr., jem. stürmisch liebkosen, abküssen.

abluchsen, v. tr., jem. etw. abschwindeln, heimlich wegnehmen.

abmarachen, v. refl., sich übermäßig anstrengen, abmühen.

abmurksen, v. tr., jem. töten, ermorden (z. B. von Morden in Schauerdramen).

abpellen, v. tr., die Haut abziehen (z. B. von Kartoffeln).

abpulen, v. tr., abnagen, abknabbern (bes. Knochen).

abradern, v. refl., sich abarbeiten, sich durch angestrengte Arbeit müde machen.

abrubbeln, v. tr., mit Bürste oder Tuch etwas abreiben.

absäbeln, v. tr., ungeschickt abschneiden: vom Brot ein großes Stück absäbeln.

abschieben, v. int., weg-, fortgehen.
abschnappen, v. int., plötzlich aufhören.
abschnipseln, v. tr., von etw. kl. Stücke abschneiden.
abschrapen, v. tr., etwas abkratzen.
abschwirren, v. int., weg-, fortgehen.
absein, v. int., erschöpft, außer Atem sein.
abstrapazieren, v. refl., sich anstrengen, abmühen.
abzwacken, v. tr., am wahren Werte einer Sache ob. eines Verdienstes eine ungebührliche Summe abziehen.
adjüs! Adieu, Lebewohl!
ätsch! int., Ausruf der Schadenfreude.
Affe, m., 1. Reb.: einen Affen haben, sich einen A. kaufen = sich betrinken; 2. Affe wird der Tornister von den Soldaten genannt.
affig, a., albern, geckenhaft.
Affenschande, f., Schande, Blamage.
Affenschwanz, m., scherzhaftes Schimpfwort.
Ahnung, f., Keine Ahnung! = Kein Gedanke! Reb.: nicht eine blasse Ahnung von etwas haben.
Alfanzerei, f., albernes Geschwätz.
allemal, adv., in jedem Fall, sicherlich; z. B. Gehst Du mit? na, allemal.
allerhand Hochachtung! statt alle Hochachtung!
also doch, interj., Ausruf des Erstaunens = das hätte ich nicht erwartet.
Alte, f., (pltb. Olle) Gattin, Mutter, gemüthl. auch Altsche. (Olsche).
Alter, m., Vater, Ehegatte, Vorgesetzter.
anbändeln, v. int., (anbandeln) mit jem., 1. mit jem. ein Gespräch anzuknüpfen suchen; 2. Händel mit jem. suchen; 3. ein Liebesverhältniß mit jem. anknüpfen.
anbiedern, v. refl., sich gemüthlich mit jem. anfreunden.
anblasen, v. tr., jem. anfahren, ausschelten, zur Rede stellen.

anbohren, v. tr., jem. mit Bitten angehen, besonders um Geld.

angeln, v. tr., sich jemanden, sich jem. vornehmen. (Zur Rede stellen); z. B.: den wollen wir uns mal angeln!

anglotzen, v. tr., jem. starr mit dummem Erstaunen ansehen.

Angströhre, f., Hoher Hut, Cylinder.

anhauchen, v. tr., jem. anfahren, ausschelten, zur Rede stellen.

ankrallen, v. tr., jem. ansprechen, unterwegs festhalten.

ankreiden, v. tr., 1. ankreiben lassen, seine Zechschuld in einem Restaurant aufschreiben lassen, nicht bezahlen; 2. Red.: das werd' ich dir ankreiben = das sollst Du mir büßen.

anöden, v. tr., jem. verhöhnen, necken, sich über ihn lustig machen (f. öden).

anprosten, v. tr., jem. zutrinken.

anpumpen, v. tr., von jem. Geld leihen. (f. pumpen.)

anranzen, v. tr., jem. hart anfahren, zur Rede stellen.

anrempeln, v. tr., jem. beim Begegnen absichtlich stoßen (f. rempeln).

anrennen, v. int., anlaufen, übel ankommen: da ist er schön angerannt.

ansäuseln, v. refl., sich betrinken.

anschmieren, v. tr., jem. beim Verkauf einer Sache betrügen, übervortheilen, ihm schlechte Waare aufbrängen.

anschnallen, v. tr., sich etwas anschaffen.

anschnauzen, v. tr., jem. hart anfahren, ausschelten.

anschwirren, v. int., ankommen, eintreffen (von Personen und Sachen).

ansohlen, v. tr., jem. mit einer Flut von Redensarten überschütten (f. sohlen).

anständig, a., gut, groß, stark, 2c.: eine anständige Cigarre; es regnet ganz anständig.

antanzen, v. int., ankommen, eintreffen.

antippen, v. tr., an etwas rühren, bilblich: in der Rede etwas berühren.
antrecken, v. tr., anziehen.
anulken, v. tr., sich über jem. lustig machen, ihn necken s. ulken.
anvettermicheln, v. refl., sich bei jem. beliebt zu machen suchen.
Ast, m., Reb.: sich einen Ast lachen = unbändig lachen; sich in's Fäustchen lachen.
aufbegehren, v. int., auffahren, ärgerlich werden.
aufbessern, v. tr., etwas wieder wie neu machen, ausbessern (von Kleidungsstücken); z. B. ich habe mir meinen Hut wieder aufbessern lassen.
aufbinden, v. tr., jem. etwas, jem. etw. weiß machen, ihn anführen.
aufbremsen, v. tr., gew. jem. eins aufbr., ihm einen Schlag versetzen.
aufbrennen, v. int., abbrennen, niederbrennen.
aufbrummen, v. tr., Reb. jem. einen bummen Jungen aufbr. = ihn einen bummen Jungen nennen, schimpfen.
aufgabeln, v. tr., antreffen, auffinden, ausfindig machen.
aufgedonnert, part., geschmacklos, prahlerisch geputzt.
aufgeknöpft, part., zugänglich, gesprächig.
aufgrapsen, v. tr., etwas aufgreifen.
aufhören, v. int., Reb.: ba hört boch verschiedenes auf = das ist doch zu stark.
aufkriegen, v. tr., 1. Etwas ganz aufessen, z. B. ich kriege den Braten nicht auf; 2. Aufgaben bekommen in der Schule; 3. etwas zu öffnen vermögen, z. B. ich kriege das Schloß nicht auf.
aufmucken,
aufmutzen, } v. int., widersprechen, sich widersetzen.
aufplustern, v. refl., von den Vögeln: die Federn aufblasen, sträuben, aufbauschen.

aufrappeln, v. refl., sich aufraffen.
aufstecken, v. tr., etwas aufgeben, damit aufhören.
aufthauen, v. int., munter und gesprächig werden.
ausbubbeln, v. tr., etwas ausgraben.
ausfressen, v. tr., etwas unerlaubtes begehen.
ausführen, v. tr., jem. etwas heimlich wegnehmen.
auskneifen, v. int., weglaufen, entfliehen.
ausknobeln, v. tr., 1. etwas auswürfeln, ausspielen; 2. (= rausknobeln, s. b.) etwas ausfindig machen, herausbekommen (s. knobeln).
auskratzen, } v. intr., weglaufen, sich entfernen, entfliehen.
ausrücken, }
ausspannen, v. tr., jem. etwas, jem. etwas heimlich wegnehmen.
auswischen, Reb.: jem. eins auswischen, ihm einen Schlag versetzen.

backen, v. int., kleben, die Briefmarke will nicht backen; backen bleiben, (Schulausdruck): nicht versetzt werden.
Backfeige, f., }
Backpfeife, f., } Ohrfeige.
Backs, m., }
Badeengel, m., nackter Mensch, Porzellan-Puppe.
baff sein, v. int., im höchsten Grade über etwas erstaunt sein.
Bählamm, n., 1. Kinderwort für Schaf; 2. Bezeichnung eines dummen Menschen.
ballern, v. tr., werfen, stoßen. Reb.: baller man los = fang nur an!
Bammel, m., Furcht, Angst; z. B. er hatte einen kolossalen Bammel davor.
Bammelage, f., was herabhängt; z. B. Berloques an der Uhrkette.

Bangbüchs, f., (f. Büchs) furchtsamer Mensch.
Bange, f., Furcht; z. B. hab' man keine Bange.
bannig, a., groß, stark, koloffal: bannig viel Gelder.
Bär, m., Red.: einen Bären anbinden, bei jem. Schulden machen; **Bärenkälte**, große Kälte; **bärenmäßig**, gewaltig, groß, schwer.
bauen, v. tr., machen, verfertigen. 1. Anzug (überhaupt Kleidungsstücke) bauen; 2. Examen bauen = sich auf's Examen vorbereiten.
baug! interj., den Schall eines fallenden Körpers bezeichnend; z. B. Baug, da liegt er!
bebern, v. int., zittern, cf. bibbern.
bedibbert, part., eingeschüchtert, ratlos.
bedrippen, v. tr. u. refl., beschmutzen, und zwar durch Tröpfeln irgend eines flüssigen Gegenstandes.
beduppen, v. tr., betrügen, anführen, einschüchtern; z. B. er war ganz beduppt.
bedufelt, part., milder Ausdruck für betrunken.
Beest, n., f. Bieft.
befriedricht, part., befriedigt.
befummeln, v. tr., 1. betrügen (wie beschummeln); 2. etwas genau untersuchen, z. B. das wollen wir doch erst mal ordentlich befummeln.
begoffen, part., Red.: begoffen wie ein Pudel, ganz niedergedrückt, beschämt.
beibleiben, v. int., fortfahren. Red.: Bleib' du man fo bei.
beiknacken, v. tr., jem. mit einer Strafe belegen (bef. Geldstrafe).
beileibe nicht! interj., nur nicht! fo stark wie um Gottes willen nicht!
Bein, Red.: kein Bein! verneinende Interj., kein Gedanke! durchaus nicht!
bekieken, v. tr., besehen, untersuchen.

bekladern, \
belledern, } v. tr. u. refl., sich beschmutzen, (bes. die Kleibung beim Essen).

beklieren, v. tr., mit schlechter Schrift, mit Fingern ꝛc. eine Fläche besudeln (s. klieren).

bekneipen, v. refl., sich betrinken.

belämmert, part., in Verlegenheit gebracht; übervorteilt, angeführt, betrogen.

bemäkeln, v. tr., kleinlich etwas tadeln (s. mäkeln).

bemogeln, v. tr., jem. betrügen, hintergehen (s. mogeln).

Bemse, f., starke Ofenhitze.

bemuttern, v. tr., jem. unnützerweise bevormunden.

benebelt, part., bezecht.

berappen, v. tr., bezahlen.

berühmt, a., Reb.: das ist nichts Berühmtes = nichts Besonderes, nichts Hervorragendes.

besabbern (besabbeln), v. tr. u. refl., sich mit Speichel naß machen.

Bescheerung, f., Reb.: da hast du die Bescheerung; da siehst du, was du angerichtet hast.

beschmuddeln, v. tr., etwas beschmutzen.

beschnuppern, v. tr., etwas beriechen.

beschummeln, \
beschuppen, } v. tr., jem. betrügen, hintergehen. \
beschuppsen,

Besen, m., Dienstmädchen.

Bettel, m., unbedeutende, wertlose Sache; z. B. der ganze Bettel.

beurgrunzen, v. tr., etwas näher besichtigen, beurteilen.

bewahre, interj., abgekürzt aus „Gott bewahre!" durchaus nicht! keineswegs!

bibbern, v. int., zittern.

Bibi, m., Herrenhut.

Biereifer, m., großer Eifer, Fleiß.

Bierfisch, m. } unreiner Körper im Glase Bier.
Bierschnecke, f.

Bieridee, f., unsinniger, toller Gedanke.

Bierrede, f., humoristische, witzige Rede.

Bierreise, f., 1. Wanderung durch verschiedene Kneipen; 2. Reise überhaupt.

Bierwitz, m., toller Unsinn.

Biest, n., Tier; ein großes Biest (s. Tier), ein berühmter Mann.

Bimbam, Red.: heiliger Bimbam! Ausruf des Erstaunens, Schreckens ꝛc.

Bimmel, f., Glocke, Klingel.

bimmeln, v. int., läuten, klingeln (bezeichnet das helle Läuten einer Glocke).

Binde, f., Red.: einen hinter die Binde gießen, schnell trinken (bes. einen Schnaps).

bitten, v. tr., Red.: nein, ich bitte Sie! (Ausdruck der Verwunderung).

blaaken, v. intr., rußen; z. B. die Lampe blaakt bei zu hoch geschraubtem Docht.

Blase, f., Gesellschaft, Clique.

Blech, n., Unsinn; z. B. redet doch nicht solches Blech!

blechen, v. tr., bezahlen, Geld ausgeben, mit dem Nebenbegriff des Unwilligen.

Blechschädel, m., Red.: ich habe einen gehörigen Blechschädel, der Kopf ist mir eingenommen (z. B. bei Katzenjammer).

blubbern, v. intr., schnell, unartikulirt sprechen.

blühend, a., Red.: blühender Unsinn, großer Unsinn (bes. in der Rede).

Blümchenkaffee, m., sehr dünner Kaffee.

blümerant, adv., wirr, Red.: mir wird ganz blüm., unwohl.

bluten, v. int., bezahlen, Geld ausgeben mit dem Nebenbegriff des Unwilligen.

Bock, m., Reb.: ihn hat der Bock gestoßen, von kleinen Kindern, wenn sie unartig sind.

    bockig, a., \
    bocksch, a., } unartig.

bockbeinig, a., halsstarrig, widerspenstig.

bocksdämlich, a., sehr dumm.

Bohne, f., Reb.: nicht die Bohne! = „nicht das Geringste!" z. B.: weißt du davon etwas? — Nicht die Bohne!

Bohnenstroh, n., Reb.: dumm wie Bohnenstroh.

böllern, v. int., durch Schlagen gegen etwas bröhnenden Lärm verursachen.

bolzen, v. int., roh, wüst drauf losschlagen.

Bomben, wird zur Verstärkung einiger Adjektive und Substantive gebraucht. Bes. **bombenfest; bombensicher; bombenstark** ꝛc. = sehr fest ꝛc.

Bombengelder, pl., sehr viel Geld.

    — **hitze,** f., sehr große Hitze.

    — **kerl,** m., großer, kräftig gebauter Mensch.

    — **unsinn,** m., großer Unsinn ꝛc.

bombenmäßig, a., riesig, ungeheuer groß, viel.

borstig, a., (gewöhnlich borschtig). 1. grob, z. B. er wurde ganz borstig; 2. viel, riesig, gewaltig ꝛc., z. B. borstig viel Gelder.

Bosheit, f., Reb.: mit konstanter Bosheit, scherzhaft für: ohne Unterbrechung, fortwährend.

Bratenrock, m., langer, schwarzer Gesellschaftsrock.

brenstlich, a., brandig, faul, verdächtig; z. B.: die Sache kommt mir brenstlich vor.

bringen, v. tr., 1. jem. begleiten; 2. Reb.: ich werde dich bringen, d. h. den Standpunkt klar machen.

Brotzel, m., kleiner Brotzel, kleiner Mensch.

brotzeln, v. int., bezeichnet das Geräusch, das langsam in Butter Gebratenes verursacht.

Brüche, pl., in die Brüche gehen, entzwei gehen, verloren gehen.
brüderlich, a., Reb.: meine brüderliche Liebe (konkret) = mein Bruder.
Brummbär, m., mürrischer Mensch.
brummeln, v. int., undeutlich sprechen, murmeln.
brummen, v. int., 1. Gefängnißstrafe abſitzen; 2. ärgerlich ſein.
Brummer, m., große Fliege.
Brummſchädel, m., benommener Kopf (ſ. Blechſchädel).
Büchs, f., Hoſe.
buddeln, v. int., graben.
Bude, f., Zimmer, Wohnung. Reb.: jem. auf die Bude ſteigen = 1. jem. beſuchen; 2. zur Rede ſtellen; Leben in die Bude bringen = Leben in eine langweilige Geſellſchaft bringen.
büffeln, v. int., angeſtrengt arbeiten, (beſ. für ein Examen).
Bullerjahn, m., (Schimpfwort) Lärmer, Hitzkopf.
bumfiedeln, v. int., jem. ſchmeicheln; gebumfiedelt.
Bummel, m., gemütlicher Spaziergang (ſ. Exbummel).
bummeln, v. int., 1. ſchlenbern, gemütlich gehen, z. B. eine Straße entlang bummeln; 2. langſam ſein im Ausführen einer Sache; 3. müßig gehen, faul ſein, liederlich leben. Zu 2 und 3 abj. **bummelig** (ſ. verbummeln, v. tr. u. int.
bums! interj., Fall eines Gegenſtandes bezeichnend. Reb.: Bums, da liegt er!
bumſen, v. int., durch Schlagen dumpfen Lärm hervorbringen, z. B. es wurde gegen das Thor gebumſt.

Conſorten, pl., Reb.: X. und Conſorten = X. und Genoſſen (in verächtlichem Sinn).
Couleur, f., Reb.: das iſt dieſelbe Couleur in Grün, das iſt daſſelbe mit geringer Abweichung.
cujonieren, v. tr., jem. ärgern, quälen.

dabei, adv., Reb.: was ist benn babei? = was schabet das?

Dach, n., Reb.: jem. auf's Dach steigen, ihn strafen, zur Rechenschaft ziehen, ihm Vernunft machen.

dahinter, adv., Reb.: sich dahint legen, machen, setzen = anfangen etwas eifrig zu betreiben.

dalbern, v. int., lärmenden Spaß, Unsinn machen, sich kindisch betragen. Subst. **Dalberei**, f.

Dalles, m., 1. Gelbarmut: ich bin im Dalles: ich habe kein Geld mehr; 2. Geistesarmut, Verrücktheit: der hat wohl den Dalles, der ist wohl nicht ganz bei Sinnen; 3. Verderben, Untergang: der hat den Dalles = mit dem ist es vorbei.

dalli! interj., flink! marsch!

Dämel, m., s. Demel.

Damm, m., Reb.: auf dem Damm sein, wohl und munter sein.

dammelig, a., dumm, demlich, albern.

Dampf, m., Reb.: Dampf haben vor etwas = Angst haben.

danach, adv., (eigentlich darnach) Reb.: es wird auch danach sein, bedeutet Mißtrauen für die Güte, Vortrefflichkeit einer Sache.

datschen, v. int., fehlerhaft, unartikulirt aussprechen, wie kleine Kinder.

Deckel, m., Hut (s. Schabbesdeckel).

deckeln, v. int., (vor jem.) grüßen, den Hut abnehmen.

deftig, a., tüchtig, kräftig; derb.

deichseln, v. tr., etwas thun, machen, ausführen, zu Stande bringen.

Demel, m., Dummkopf; adj. **demlich**. **Demlack**, m., = Demel.

deppen, v. tr., jem. ducken, niedergeschlagen machen, einschüchtern.

dick, a., Reb.: 1. dicke Freunde = gute intime Freunde; 2. etwas dick haben, etwas über haben, etwas satt haben 3. sich dick thun = prahlen mit etwas.

Dickbe, f.,
Dickditübe, f., } Dicke.

dickfellig, a., unempfindlich gegen Ermahnungen, Strafen ꝛc.

Dickkopf, m., eigensinniger, hartnäckiger Mensch.

Dickthuer, m., Prahler.

Dickus, m., dicker, kleiner Mensch (bes. für Kinder angewandt).

diebisch, a., vorzüglich, vortrefflich; z. B. ein biebischer Spaß; eine biebische Geschichte; er hat sich biebisch amüsiert.

Dienstspritze, f., Dienstmädchen.

Dingsda, Dingerichs, Dingskirchen ꝛc. 1. für irgend einen Namen, der einem augenblicklich nicht einfällt; 2. Dingsda, zur Bezeichnung jedes Gegenstandes, den man bei seinem richtigen Namen zu nennen zu bequem ist.

ditschen, v. tr. u. int., tauchen, tunken, eintauchen.

dösig, a., 1. dumm, beschränkt; 2. bezeichnet es das dumpfe Gefühl im Kopfe, das man infolge starken Lärmes, übergroßer Arbeit ꝛc. hat: mir ist heute ganz dösig, s. rambösig.

Döz, m., Kopf, Schädel.

Draht, m., Geld.

drängeln, v. int., für drängen; sich durchdrängeln ꝛc.

drankriegen, v. tr., jem. vornehmen, zur Bestrafung ꝛc.

Dreikäsehoch, m., sehr kleiner Mensch.

Dresche, pl. f., Prügel.

dreeschen, v. int., stark regnen.

drin, adv., gewöhnliche Abkürzung für: darin.

drippen, v. int., 1. triefen; 2. tropfen; z. B. wer eine brennende Stearinkerze schief hält, drippt.

dröhnig, a., langsam.

Droschkong, n. frz., Droschke.

drücken, v. refl., 1. sich heimlich aus einer Gesellschaft ꝛc. entfernen (s. französisch); 2. sich um etwas drücken, sich einer Verpflichtung ꝛc. entziehen.

Drückeberger, m., heißt einer der sich drückt.

drucksen, v. int., (an etwas rumdrucksen); an etwas längere Zeit ohne Ergebnis arbeiten.

drum, adv., darum; Red.: drum rum kommen = um einen erhofften Genuß kommen.

drunter, adv., darunter; Red.: drunter durch sein, ruiniert, verloren sein.

druseln, v. int., bezeichnet den Zustand zwischen Wachen und wirklichem Schlafen; im Halbschlaf sich befinden.

duhn, a., angeheitert, betrunken.

dumm, a., unangenehm, fatal; z. B. eine dumme Geschichte; das ist dumm ꝛc.

dummerhaftig, a., 1. einfältig, albern; 2. Red.: mir ist so dummerhaftig zu Mut = mir ist der Kopf so benommen, wüst.

Dummerjahn, m., Dummkopf.

Dunst, m., Red.: keinen Dunst von etwas haben = keine Ahnung von etwas haben

durchbrennen, v. int., 1. fortgehen; bes. ohne zu bezahlen (aus einem Gasthaus); 2. entfliehen, gewöhnlich von solchen, die dabei etwas mitnehmen: Kassierer.

durchhauen,
durkarbatschen, } v. tr., durchprügeln.
durchklabastern,

durchplumpsen, v. int., durchfallen, durch's Examen fallen.

durchwalken, v. tr., durchprügeln.

durchwutschen, v. int., unbemerkt durchkommen, durchhuschen.

Dusel, m., 1. Schwindel, Taumel, verworrener Geisteszustand; im Dusel = halb im Schlaf, adj. **duselig**; 2. Glück; großen Dusel haben.

Ecke, f., 1. Stück, zur Angabe der Entfernung: jem. eine kleine Ecke begleiten; 2. jem., etwas um die Ecke bringen = heimlich beseitigen.

eetsch, interj., Ausruf der Schadenfreude.

egal, adj., (fr.) = 1. einerlei, gleich; 2. hineinander, immerfort: er setzt sich egal (immer wieder) hierhin.

eindruseln, v. int., einschlummern (s. bruseln).

einfuchsen, v. tr., jem., ihm irgendwelche Kenntnisse oder Fertigkeiten beibringen, ihn tüchtig vorbereiten, einarbeiten (bes. zum Examen).

einhaken, v. tr., unterfassen, den Arm nehmen; z. B.: willst Du mich einhaken?

einkacheln, v. int., stark einheizen.

einkriegen, v. tr., einbekommen, einzunehmen haben; der Kranke bekommt Medizin ein.

einlochen, v. tr., einsperren (bes. in's Gefängniß.)

einmummeln,
einpummeln,
einmuscheln, } v. tr. u. refl., fest einhüllen in Tücher, Shawls rc.

einpacken, v. int., Widerspruch oder Anspruch aufgeben: pack' Du man ein = sei Du nur still.

einpauken, v. tr., jem. etwas beibringen, ihn vorbereiten (bes. zum Examen).

Einpauker, m., der Gelehrte, der Studenten zum Examen vorbereitet.

einsacken, v. tr., 1. einnehmen (Geld); 2. v. int., einsinken, in den Schmutz.

einsauen, v. tr., (derb) etwas stark beschmutzen.

einseifen, v. tr., jem. überlisten, überreden.

einschachteln, v. tr., einpacken (von Personen u. Sachen).

einschmurksen, v. refl., sich beschmutzen.

einschrumpeln, v. int., vertrocknen, Runzeln bekommen (s. Schrumpel).

einspinnen, v. tr., jem. verhaften.
einstippen, v. tr., eintauchen, eintunken, gew. von Bröbchen ꝛc., das man in den Kaffee ꝛc. taucht.
Eisenbahn, f., Reb.: es ist höchste Eisenbahn = höchste Zeit.
Eltern, pl., Reb.: nicht von schlechten Eltern sein, b. i. gut, vortrefflich sein (von Sachen); z. B.: der Wein ist nicht von schlechten Eltern.
Ende, n., auch dim.: Endchen, Stück, ein Ende Bindfaden; kommen Sie noch ein Endchen mit. Reb.: da ist das Ende von weg = das ist zu stark.
entfernt, a., Reb.: das macht sich von Weitem ganz entfernt, bei Betrachten von Bildern, Kleidern ꝛc., über die man ein bestimmtes Urteil nicht aussprechen will.
ergattern, v. tr., mit List und Mühe etwas erlangen, bekommen, erfassen.
Esel, m., Reb.: einem Esel zu Grabe läuten = mit den Beinen baumeln.
Essig, m., Reb.: zu Essig werden; mißlingen, mißglücken; damit ist es Essig = daraus wird nichts.
etepeteete, Reb.: in etwas etepeteete sein = eigen, sonderbar.
Exbummel, m., Ausflug.

Fall, m., Reb.: das ist ganz mein Fall! b. h. da halte ich mit, da bin ich babei.
Falle, f., Bett; Reb.: in die Falle gehen = zu Bett gehen.
falsch, a., ärgerlich, aufgebracht, zornig; falsch auf jem. sein.
famos, a., schön, vorzüglich, vortrefflich; z. B.: sich famos amüsiren; famoser Kerl = netter, angenehmer Mensch; famoses Wetter; famose Aussicht ꝛc.
faseln, v. int., Unsinn reden; s. Faselhans, m.
Fatzke, m., ein eingebildeter, geckenhafter, bummer Mensch (s. Moralfatzke, m. Patentfatzke, m. ꝛc.)

faul, a., 1. schlecht ꝛc.; fauler Witz, faule Redensarten; 2. unangenehm, schwierig; faule Sache = etwas, das schwer auszuführen, in Ordnung zu bringen ist.

Faxen, pl., 1. alberne Ausflüchte, Umstände; z. B.: mach' doch keine Faxen = sträube dich doch nicht, stell' dich nicht an; 2. Faxen machen = Unsinn machen, Gesichter schneiden ꝛc.

fein, a., gut, schön, vorzüglich. Reb.: der ist fein raus = der ist gut bran.

feixen, v. int., grinsen, am unrechten Ort lachen.

fertig, a., Reb.: das kriegt der fertig = er wäre im Stande das zu thun.

fesch, a., modisch, fein, gewöhnlich am Aeußern eines Menschen, am Anzug. Fesches Mädel.

feste, a., sehr, tüchtig. Reb.: feste drauf; jem. feste durchprügeln ꝛc.

ff. (gesprochen efeff). Reb.: etwas aus dem ff können = vorzüglich gut etwas verstehen; ein Schlag aus dem ff, starker, derber Hieb ꝛc.

feuern, v. int., werfen, stoßen, schlagen: das Pferd feuert hinten aus.

fidel, a., heiter, lustig (sehr gewöhnlich); verstärkt: kreuzfidel.

Finger, pl. Reb.: jem. auf die Finger sehen: sein Thun und Treiben genau beobachten, ihn in Schranken halten.

Fips, m., kleiner Kerl.

Firlefanz, m., dummes Zeug.

Fisematenten, pl., Ausflüchte, Umstände, unnütze Redensarten.

fix, a., schnell, tüchtig; fix und fertig = vollständig bereit, fertig; fixer Kerl = geschickter, gewandter Mensch.

Flaps, m., ungeschickter, ungeschliffener Mensch.

Fleiß, m. Reb.: mit Fleiß etwas thun = mit Absicht.

flezen, v. refl., sich flegelhaft hinsetzen, hinlegen: er flezt sich auf's Sopha.

flöten gehen, v. int., verloren gehen.

flunkern, v. int., unwahre Sachen reden, vorspiegeln (s. vorflunkern).

Flunsch, m., Schmollmund; Reb.: einen Flunsch ziehen, machen.

flutschen, v. int., an die Hand gehen, schaffen, flecken. Reb.: das flutscht besser = hat bessere Wirkung.

forsch, a., stark; Subst. Forsche, f.; z. B.: das ist seine Forsche = das ist sein Fach, da ist er stark drin.

französisch, a., Reb.: sich auf Französisch verabschieden = sich ohne Abschied, heimlich aus einer Gesellschaft entfernen.

Fratz, m., Gesicht (nur von hübschen, nieblichen Gesichtern).

Fraß, m., Essen; ein gutes Diner ist ein „feiner Fraß."

frech, a., Reb.: frech wie Oskar = ohne weitere Umschweife, ohne Zögern.

Freſſalien, pl., Eßwaaren.

Freſſage, f., Gesicht.

Freßſack, m., Mensch, der viel ißt.

Frosch, m., Reb.: einen Frosch haben = nicht ganz bei Verstand sein; sei doch kein Frosch = sei doch nicht bumm, sträub' Dich nicht.

fuchsen, v. refl., sich ärgern.

fuchswild, a., sehr ärgerlich; aufgebracht, zornig, erbost; verstärkt: fuchsteufelswild.

fuchtig, a., zornig, unwillig.

fummeln, v. int., an etwas herum fummeln = unsicher an etwas herumtasten (s. befummeln).

fünsch, a., ärgerlich, zornig.

Funzel, f., schlechte, alte Lampe, die trübe brennt.

furchtbar, adv., sehr häufig für: sehr, überaus; überhaupt um einen hohen Grad zu bezeichnen: sich furchtbar freuen; ein furchtbar netter Mensch; es war furchtbar voll ꝛc.

Fusel, m., kleines staubähnliches Fäschen, Härchen, wie sie sich oft an die Kleider ansetzen.

futsch,
futschicato, } a., weg, verschwunden; mein Stock ist futsch.

garnischt, adv., gar nichts.
geaicht, part., Reb.: geaicht auf etwas sein = etwas gut verstehen, können.
Gebimmel, n., Geläute, Geklingel.
gediegen, a., merkwürdig, komisch, originell.
Gedudel, n. schlechte, stümperhafte Musik auf einem Blasinstrument.
gegen, Reb.: gegen jem. sich verloben, scherzhaft für mit jem. sich verloben.
Gegenseitigkeit, f., Reb.: das beruht auf Gegenseitigkeit.
Gegröhle, n., Geschrei, lautes Singen.
gehen, v. int., an etw., etwas brauchen, sich mit etwas zu schaffen machen: Geh' nicht an meine Papiere.
Geizhammel, m., Geizhals.
Gejuchze, n., Jauchzen, Gejauchze.
geknickt, part., niedergeschlagen, mißgestimmt (s. knicken und Stengel).
Gekliere, n., schlechte Schrift, schlecht Geschriebenes; z. B.: dies Gekliere kann ja kein Mensch lesen. (s. klieren).
Geklimper, n., stümperhaftes Spiel (bes. auf dem Klavier).
Geklöhne, n., müßiges Geschwätz. (s. klöhnen).
geladmeiert, part., angeführt, betrogen: ich war der Geladmeierte = ich hatte das Nachsehen.
geladen, part., Reb.: ordentlich geladen haben = betrunken sein.
gelungen, a., merkwürdig, komisch, sonderbar, originell; z. B.: gelungener Mensch, gelungene Geschichte rc.
Gemeinerei, f., Gemeinheit.

gemischt, part., gewöhnlich, orbinär; z. B.: gemischtes Publikum = gemischte Gesellschaft; es scheint ein ziemlich gemischter Ton dort zu herrschen.

gepfeffert, part., sehr stark in seiner Art, übertrieben (bes. von Waarenpreisen ꝛc.) zu teuer: eine gepfefferte Rechnung, gepfefferte Preise (s. gesalzen).

gepfropft voll, übervoll bes. von einem Raum, der mit Menschen überfüllt ist.

Gequadel, n., unnützes, überflüssiges Gerede (s. Quackelei).

Gequarre, n., weinerliches Geschrei (s. quarren).

Gequasel, n., unnützes, müßiges Gerede (s. quaseln).

Gequatsche, n., albernes Gerede (s. quatschen).

gerade, adv., Reb.: nun gerade! nun gerade nicht! (wenn man aus Opposition jemandem nicht den Willen thun will.)

gerammelt, part., Reb.: gerammelt voll, gedrängt voll.

gerieben, } part., gewitzigt, schlau, sehr erfahren.
gerissen,

gesalzen, part., bes. von Preisen, übertrieben ꝛc. (s. gepfeffert).

Geschichte, f., sehr häufig für Sache, Ding, Angelegenheit ꝛc., wird für jede Sache gebraucht, die man nicht näher bezeichnen will; eine schwierige Geschichte = schwer auszuführende Arbeit; mach' keine Geschichten = Umstände, Ausflüchte; umständliche Geschichte = umständliches Verfahren ꝛc.

geschmiert, part., Reb.: das geht wie geschmiert = sehr gut, sehr glatt und geläufig (z. B.: vom Aufsagen von Gedichten ꝛc.)

Geschreibsel, n., nach Form und Inhalt mangelhaft abgefaßtes Schriftstück.

Gesöff, n., Getränk (sowohl gutes wie schlechtes).

gestohlen, part., Reb.: der (oder das) kann mir gestohlen werden = ist mir gleichgültig.

Gethue, n., wichtig thuendes, geziertes Auftreten, Benehmen z. B.: was soll nur das Gethue?

Getratsch, n., unnützes, breites Geschwätz.

gewaschen, part., eine Rede, ein Brief ꝛc., der sich gewaschen hat = in energischen Worten abgefaßt.

gewickelt, part., Red.: schief gewickelt sein = in seinen Erwartungen sich täuschen.

gewunken, part., scherzhaft für gewinkt (s. abgewunken).

Gewurzele, n., wüstes, wirres Durcheinander.

gibberig, a., nach etw., begierig nach.

Gift, n., Red.: da kannst Du Gift brauf nehmen = dessen kannst Du ganz sicher sein.

giftig, a., ärgerlich, erzürnt, zornig.

glibberig, a., schmierig, glatt.

Glimmstengel, m., Cigarre.

glitschen, v. int., gleiten, ausrutschen; abj. **glitschig**, glatt, schlüpfrig.

glotzen, v. int., starr ansehen (s. anglotzen, v. tr.)

Göhre, f., kleines, unerzogenes Kind.

gondeln, v. int., gehen; z. B.: wir gondelten die Straße auf und ab (s. losgondeln, v. int.)

Gottbewahre! interj., durchaus nicht! keineswegs!

Gottchen, (dim. von Gott) Ach Gottchen! Ausruf des Mitleids ꝛc.

gottsjämmerlich, a., Red.: jem. ist gottsjämmerlich zu Mute = sehr elend.

gottvoll, a., herrlich, reizend, komisch, originell (von Personen und Sachen); gottvoller Gedanke, gottvolle Geschichte, gottvoller Witz, ꝛc.

Grabbeln, v. int., greifen, suchend hin und her greifen, tastend fühlen.

grapschen, v. int., 1. hastig greifen, zugreifen; 2. v. tr., etwas heimlich wegnehmen.

graulen, v. refl., sich fürchten, ängstigen, bes. im Dunkeln vor Gespenstern, Geistern ꝛc. adj. **graulich**.

grienen, v. int., grinsen, fortwährend lächeln.

Grips, m., 1. Fassungskraft, Verstand; 2. Genick; z. B.: jem. beim Grips kriegen = jem. festhalten.

Grobian, m., roher, grober Mensch.

gröhlen, v. int., Lärm verursachen durch Schreien, lautes Singen ꝛc.

großnasig,
— **pratschig**,
— **spurig**, } a., großthuerisch.

grün, a., dumm, unerfahren z. B.: so 'n grüner Junge, d. i. unreifer Mensch.

Grütze, f., Verstand, z. B.: er hat wenig Grütze im Kopf.

Güte, f., verwunderter Ausruf: J du meine Güte!

haarig, a., vorzüglich, merkwürdig, sonderbar; ein haariger Kerl; eine haarige Geschichte.

haben, v. refl., 1. spröde, ängstlich thun; 2. sich aufregen, aufbrausen.

Hackebrett, n., Klavier.

Hacken, m., Reb.: sich die Hacken nach etwas ablaufen = viele Wege machen, weit laufen, um etwas zu bekommen.

hackschen, v. int., schmutzige, anstößige Anekdoten erzählen, zoten.

halten, v. tr., Reb.: es läßt sich halten = es ist mittelmäßig.

Hammelbein, n., Reb.: jem. beim Hammelbein kriegen = ihn zur Rede stellen, zur Verantwortung ziehen.

Hanebampel, m., kindischer, einfältiger Mensch.

hanebüchen, a., derb, stark, groß; hanebüchene Hitze.

Happen, m., Bissen; adj. **happig**, stark, groß, viel.; z. B.: ein happiges Stück Geld = eine große Summe Geld.

Happenpappen, m., wie Happen; Reb.: er kann einen ordentlichen Happenpappen vertragen = kann viel essen.

Harke, f., Reb.: jem. zeigen, was eine Harke ist = ihm den Standpunkt klar machen.
haste nich gesehn, (wie Interjektion gebraucht) plötzlich, im Umsehen!
Haue, pl., Prügel; Haue kriegen.
Haupt in Zusammensetzungen wie:
   Hauptkakle, m., eingebildeter Geck.
   — **kerl**, m., Schlaukopf; gewöhnlich in iron. Sinn: Du bist ein Hauptkerl, 2c.
   — **mime**, m., oberster Anführer, Leiter.
   — **spaß**,
   — **witz**, } m., vorzüglicher Spaß.
Haus, n., altes Haus (gemütliche Anrede), = alter Freund.
Häuschen, n., Reb.: aus dem Häuschen sein = nicht ganz bei Sinnen sein.
Hausknochen, m., Hausschlüssel.
Hecht, m., dicker Tabaksqualm im Zimmer.
Heiden, verstärkender Zusatz, z. B.:
   Heidenangst, f., große Angst.
   — **gelder**, pl., übermäßig viel Geld.
   — **lärm**, m.
   — **unsinn**, m. 2c.
heidenmäßig, a., gewaltig, groß.
heidi gehen, v. int., verloren gehen.
heillos, a., groß, übermäßig viel 2c.; heillose Angst, heillos viel Geld 2c.
Hemdenmatz, m., Kind, das nur mit dem Hemd bekleidet ist.
heraus —, s. unter: raus —.
herrje! interj., (Herr Jesus!) Ausruf des Erstaunens 2c. Auch: Herrjemineh!
Heu, n., Reb.: Geld wie Heu haben = ungezählte Gelder besitzen.
Heuochse, m., derbes Scheltwort.
hibbelich, a., verwirrt, aufgeregt, sich überstürzend.

himmeln, v. int., in Entzücken, Schwärmerei ꝛc. die Augen verdrehen.

himmlisch, a., wunderschön, reizend ꝛc. sich himmlisch amüsiren, ein himmlisches Geschenk ꝛc.

hinein —, s. unter rein —.

hinschlagen, v. int., hinfallen.

Hinterast, m., hinterlistiger Mensch; adj. hinterästig.

hochnasig, a., hochmütig.

hohnigeln,
hohnipeln, } v. tr. u. int., höhnen, necken (s. verhohne-
hohnepiepeln, } piepeln) v. tr.

hohnlächeln, v. int., höhnisch und schadenfroh lachen (bes. ich lächele Hohn).

Hokuspokus, m., Zauber; Hokuspokus treiben, Hokuspokus machen = geheimnisvolle Bewegungen ꝛc. machen, deren Bedeutung der Zuschauer nicht kennt.

höllisch, a., arg, stark, ungeheuer, überaus ꝛc.; es ist höllisch kalt; auch: ein höllischer Kerl = sehr starker Mensch ꝛc.

holterdipolter, interj., bezeichnet ein dumpf dröhnendes, polterndes Geräusch und die lärmende Hast, mit der eine Sache abgemacht wird; z. B.: das ging holterdipolter = in größter Eile und geräuschvoll.

holzen, v. int., roh drauf losschlagen.

hoppla!
hoppsa! } interj., Ausruf, z. B. wenn jem. stolpert
hoppsassa! } oder etwas fallen läßt.

hoppsen (hoppen), v. int., hüpfen, tanzen.

Hoppser, m., kleiner Sprung.

Hose, f., Red.: jem. fällt das Herz in die Hose = er verliert den Mut (s. Bangbüchs).

Hottehüh, n., Kinderwort für Pferd.

hübsch, adv., recht, wohl; z. B.: hübsch artig; bleiben Sie hübsch gesund; das laß' ich hübsch bleiben.

Huhn, n., gemütliches, fideles Huhn = gemütlicher Mensch; verrücktes Huhn ꝛc.

humpeln, v. int., hinken, unbeholfen gehen.

Hund, m., Reb.: unterm Hund = unter aller Kritik, sehr schlecht.

 hundemüde, a., sehr müde.

 hundeelend, a., sehr unwohl.

 Hundekälte, f., große Kälte.

 Hundeleben, n., elendes Dasein.

 Hundewetter, so schlechtes Wetter, wo man nicht einmal einen Hund herausjagen möchte.

husch, husch! zur Bezeichnung der Eile, Schnelligkeit: das macht er alles husch husch = flüchtig, unachtsam.

Idee, f., 1. keine Idee! = durchaus nicht!; keine (blasse) Idee von etwas haben = von etwas nichts wissen; 2. eine Idee = ein bischen, z. B.: Hängen Sie das Bild eine Idee höher.

illuminiert, part., angezecht.

immerlos,
immerzu, } adv., fortwährend.

ippelig, a., übertrieben sorgfältig, penibel.

is nich, (ist nicht) Reb., ist nicht der Fall, daraus wird nichts; z. B.: Sie wollen Geld geliehen haben? „Nee, is nich."

i wo! interj., verneinender Ausruf = keineswegs!

Jahn, n. pr., (zusammengezogen aus Johann) in Zusammensetzungen wie: Dummerjahn, Lüderjahn, Grobjahn (Grobian) ꝛc. zur Bezeichnung eines dummen ꝛc. Menschen.

Jammergestell, n. } schwacher, energieloser, kränklicher,
Jammerlappen, m. } feiger Mensch.

jappen, } v. int., nach Luft schnappen, schnell atmen,
japsen, }

jaulen, v. int., quarren, weinen, jammern, heulen.

jodeln, v. int., fahren, gehen; comp.: abjodeln, rumjodeln, entlang jodeln ꝛc.

Jubeljahr, n., Red.: alle Jubeljahr einmal = selten stattfindend; z. B.: es kommt alle Jubeljahr einmal vor.

Juhe, n., oberste Gallerie im Theater.

Jungens, pl., (Plural von Junge) nennen die Eltern ihre Söhne, Schüler ihre Kameraden ꝛc.

Jux, m., Spaß, Scherz; adj. **juxig**.

kabbeln, v. refl., sich zanken, streiten; Subst. **Kabbelei**, f.

Kabolz schießen, v. int., sich überschlagen, einen Purzelbaum schießen.

Kabuff, n., kleiner, enger, dunkler Raum.

Käfer, m., junges Mädchen; z. B.: sie ist ein netter Käfer.

Kaff, m., Unsinn, eine Sache ohne Bedeutung, Quatsch, z. B.: das ist ja alles Kaff.

Kaffeeklatsch, m., Kaffeegesellschaft. (da in derartigen Gesellschaften gewöhnlich geklatscht wird).

Kaffeeschwester, f., leidenschaftliche Liebhaberin des Kaffees; auch vom Mann gebraucht.

Kalauer, m., Bezeichnung für einen schlechten Witz.

Kameel, n., dummer Mensch.

kampeln, v. refl., sich streiten, zanken.

kannibalisch, a., groß, riesig, ungeheuer; z. B.: kannibalische Hitze, Kälte, ꝛc.

Kanone, f., Red.: unter aller Kanone = unter aller Kritik.

Kanten, m., 1. die beiden Enden eines Brobes; 2. Reb.: uach allen Ecken und Kanten hin = nach jeder Richtung, in jeder Hinsicht.

Kantonist, m., Reb.: ein unsicherer Kantonist = ein Mensch, auf den man sich nicht verlassen kann.

kapern, v. tr., listig und flink etw. wegnehmen.

kapores,
kaput, } a., entzwei, zerbrochen, ruinirt. (von Sachen); letzteres auch von Menschen, z. B.: ich bin ganz kaput = ermattet.

Karreete, f., alter Wagen.

karriolen, v. int., sich eilig fort bewegen; auch laufen, fahren, reiten; ursprünglich nur von fahren.

Käseblatt, n., kleine, unbedeutende Zeitung.

Käsemesser, n., unförmlich großes Taschenmesser.

käsig, a., blaß, bleich, von der Gesichtsfarbe.

Kasten, m., Arrestlokal, Gefängnis.

Kater, m., bezeichnet den Zustand des Unwohlseins, der die gewöhnliche Folge von zu reichlichem Spirituosen-Genuß ist.

Moralischer Kater (gew. abgekürzt „Moralischer", z. B.: er hat einen kolossalen Moralischen) ist das psychische Unbehagen, das man empfindet infolge einer Handlung, die man bereut.

Katze, f. Reb.: das ist für die Katze = zu wenig; er macht ein Gesicht, wie die Katze, wenn's donnert = mürrisches Gesicht.

katzbalgen, v. refl., sich zanken, balgen wie die Katzen, Subst. **Katzbalgerei**, f., Schlägerei.

Katzenjammer, m., dasselbe wie Kater.

Katzenkopf, m., leichter Schlag auf den Kopf.

Katzensprung, m., kurze Strecke, kurzer Weg.

Katzenwäsche, f., oberflächliche Wäsche.

kaufen, v. tr., sich jem. kaufen = jem. zur Rede stellen, ihm den Standpunkt klar machen.

Keile, pl., Prügel; Keile kriegen, Prügel bekommen.

Keilen, v. tr., jem. zu etwas treiben, mit Gewalt oder durch Lockungen zu etwas herbeiziehen.

Kerl, m., sehr oft in gutmütigem Sinne: ein netter Kerl, ein famoser Kerl ꝛc.

Kieken, v. int., sehen, gucken.

Kiekindiewelt, m., junger, unerfahrener Mensch.

Kies, m., Geld.

Kiesefretsch, m. u. a., \
Kieseetig, a., / wählerisch im Essen; einer, der immer etwas auszusetzen hat am Essen.

Kinkerlitzchen, pl., 1. Kleinigkeiten, Nippsachen, unnützer Tand: 2. Albernheiten, Kindereien, Ausflüchte, Umschweife.

Kippe, f., Red.: auf der Kippe stehen, von einem Gegenstand, der leicht fallen kann; auch von zweifelhaften Entscheidungen; adj. **kippelig**, ungewiß, schwierig auszuführen, von Sachen, die leicht mißlingen können.

kippeln, v. int., mit dem Stuhle, auf dem man sitzt, hin- und herwackeln.

Kiste, Sache, Ding ꝛc., für jeden Gegenstand, den man nicht näher bezeichnen will.

klabastern, v. int., mit Gegenständen derart umherwirtschaften, daß ein heftiges Gepolter entsteht; (s. abklabastern, v. refl., durchklabastern, v. tr., rumklabastern, v. int.

kladern, v. int., tröpfeln (s. bekladern.)

Klacks, m., Flecken, Klecks.

Kladderadatsch! interj. Ausruf, den Fall eines Gegenstandes bezeichnend.

Klappe, f., 1. Bett; in die Klappe gehen = zu Bett gehen; 2. derber Ausdruck für Mund: halt die Klappe = schweig' still.

klappen, v. int., gut passen, stimmen ꝛc. Reb.: es klappt nicht, es will nicht klappen = die Sache will sich nicht machen, nicht recht gelingen ꝛc. (z. B. von irgend welchen Aufführungen.

klapprig, a., schwach, gebrechlich.

Klapps, m., Hieb, Schlag; er hat einen Klapps bekommen = er hat einen Schlag bekommen, er hat Schaden genommen.

Klavizymbel, n., Klavier.

Kledage, f., Kleidung, Anzug.

Kleingeld, n., kleine Münze; ‚das nötige Kleingeld' scherzhaft für erforderliche, größere Mittel.

klieren, v. tr., schlecht und undeutlich schreiben. (s. Gekliere).

klietschig, a., nicht ganz ausgebacken, noch teigig. (von Brot, Kuchen ꝛc.)

Klimbim, m., 1. Konzert, Musikaufführung; 2. Gesellschaft, überhaupt festliche Veranstaltnng ꝛc., z. B.: bei Z'. ist heute großer Klimbim.

Klimperkasten, m., Klavier.

klimpern, v. intr., schlecht, unvollkommen auf einem Instrument (bes. Klavier) spielen.

klipp und klar, ganz klar.

Klippschule, f., Schule für Kinder unter sechs Jahren.

klitschenaß, a., ganz durchnäßt.

klobig, a., 1. unförmlich; 2. grob, ungeschliffen (von Personen u. Sachen).

klöhnen, v. int., breit und umständlich erzählen; mit jem. klöhnen (s. Geklöhne).

klötern, v. int., unnütz hin- und herlaufen.

klotzig, a., 1. = klobig s. d.; 2. sehr groß, sehr viel, z. B.: eine klotzige Menge Geld ꝛc.

kludern, v. int., bezeichnet das Geräusch beim Ausgießen einer Flasche.

Klunker, f., Quaste.

Knacks, m., 1. Knicks, Sprung, Riß ꝛc. an einem Glase, Stuhl ꝛc. Dann auch von Menschen: er hat einen Knacks weg, seine Gesundheit hat einen Knacks bekommen b. h. er hat irgendwie körperlich dauernd Schaden genommen. 2. zur Bezeichnung eines Geräusches, das durch das Zerspringen eines spröden Gegenstandes entsteht; z. B.: knacks, sagte es, da war der Henkel an der Tasse abgebrochen.

Knall und Fall, adverbial gebraucht, augenblicklich, auf der Stelle, urplötzlich, mit einem Male.

knallig, a., in die Augen fallend (bes. von Farben), z. B.: knallig rot (auch knallrot).

knappemang, adv., mit genauer Not.

Knarre, f., 1. Kinderspielzeug, das beim Umdrehen einen knarrenden Lärm verursacht; 2. Soldatengewehr.

kneifen, v. int., sich einer Verpflichtung entziehen, zu einer Verabredung nicht erscheinen ꝛc.

Knidebein, m., Liqueur (gew. Maraskuino) mit Eidotter versetzt.

knicken, v. tr., jem., jem. niedergeschlagen machen; (f. geknickt).

Knicker, m., Geizhals; **knickerig**, a., geizig.

knifflig, a., schwierig, verwickelt. z. B.: eine knifflige Geschichte.

knobeln, v. int., würfeln (f. ausknobeln, v. tr. und rausknobeln, v. tr.).

Knopf, m., Red.: gemütlicher Knopf, gemütlicher Mensch.

Knoten, m., ungebildeter, roher Mensch.

knuffen, v. tr., jem. puffen, stoßen, kneifen.

knuffig, adv., sehr (bes. knuffig kalt).

knüppelsatt,
 — voll,
 — hart, } Die Bedeutung des Adj. wird durch die Verbindung mit ‚knüppel=‘ verstärkt.

knuppern, v. int., an etwas Hartem mit kleinen Bissen nagen.

knusperig, von der hartgebackenen Rinde, Kruste bei Brot, Braten ꝛc. die beim Kauen einen knisternden Ton von sich giebt.

knutschen, v. tr., drückend quetschen, pressen, liebkosen; (s. ab-knutschen, v. tr.).

Kohl, m., Unsinn; **kohlen**, v. int., Unsinn schwatzen.

kohl(pech)rabenschwarz, a., tief schwarz.

kokeln, v. int., mit dem Licht oder Feuer spielen.

kolossal, a., ungemein häufig gebraucht für: riesig, ungeheuer, großartig ꝛc.; ich habe mich kolossal gefreut; kolossale Summen; ein kolossal netter Mensch.

kollern, v. int., s. kullern.

komisch, a., sonderbar, wunderlich, auffallend, merkwürdig: z. B.: komisches Benehmen; er kommt mir heute so komisch vor = er ist heute anders wie sonst.

kommen, v. int., kosten; z. B.: das kommt 3 M.

Koofmich, m., scherzhaft für Kaufmann.

Kopf, m., Reb.: etwas aus dem Kopf können = auswendig; jem. auf den Kopf kommen, steigen = ihn schelten, strafen, zurechtweisen; jem. den Kopf waschen = ihm den Standpunkt klar machen; nicht auf den Kopf gefallen = nicht dumm; da kann man sich auf den Kopf stellen ꝛc. = da kann man sich noch so große Mühe geben, es nützt nichts.

korksen, v. tr. u. int., schlecht arbeiten, etwas schlecht, ungeschickt machen, ausführen; Subst. **Korkser**, m., **Korkserei**, f., z. B.: vom Billardspiel jemandes: das ist eine höhere Korkserei (s. rumkorksen, verkorksen).

koscher, a., 1. sauber, anständig; z. B.: die Sache ist nicht koscher = scheint bedenklich, anrüchig; 2. Reb.: mir ist nicht ganz koscher = ich fühle mich etwas unwohl.

Kosthappen, m., kleiner Bissen zum kosten.

Köter, m., großer Hund.

Krabbe, f., kleines Kind.

krabbeln, v. int., durcheinander kriechen.

Krach, m., Reb.: Krach mit jem. bekommen, haben, b. i. Zank.

Krakehl, m., Streit, Lärm, Zank; **krakehlen**, lärmen, streiten.

Krakselfüße, pl., undeutliche, unleserliche Schriftzüge.

krank, a., Reb.: sich krank lachen wollen über etw., b. i. übermäßig lachen über etwas.

Kratzbürste, f., heftiger, zanksüchtiger, jähzorniger Mensch; Abj. **kratzbürstig**, leicht aufgebracht, aufbrausend, grob 2c.

krauchen, v. int., kriechen.

kraxeln, v. int., (Berg)steigen, klettern (f. raufkraxeln).

Kreide, f., Reb.: tief in der Kreide sitzen = in Schulden stecken (f. antreiben).

Krempel, m., altes, unnützes Gerät, Gerümpel, wertlose Sachen.

kreuzfidel, a., sehr fidel und munter.

kribbeln, v. int., prickelnd jucken; **kribbelig**, a., bezeichnet das betr. Gefühl.

kriegen, v. tr., 1. bekommen (sehr häufig) in vielen Compositis; 2. fertig bekommen, zu Stande bringen: das werden wir schon kriegen.

Krimskrams, m., unbedeutender Kram, Durcheinander von alten, unnützen Sachen.

Kropzeug, n., gewöhnlich in gutmütiger Weise von Kindern, „kleines Kropzeug."

Kröte, f., kleiner, reizbarer Mensch.

krumm, a., Reb.: jem. etwas krumm nehmen = ihm etwas übel nehmen; krummer Kerl = unhöflicher, unerzogener Mensch.

Kuddelmuddel, m., buntes Durcheinander, Wirrwarr, Mischmasch; Abj. **kuddelmuddelig**.

kugeln, v. refl., Reb.: das ist zum Kugeln = zum Lachen; sich kugeln vor Lachen = übermäßig lachen.

Kule, f., Grube, Vertiefung.

kullern, v. int., rollen, z. B.: von einer Anhöhe herunter kullern.

Kunde, m., ‚alter Kunde‘, gemütliche Anrede. Auch gemütliches Scheltwort für einen unordentlichen, allerhand Unheil anrichtenden Menschen: Du bist mir ein schöner Kunde.

Kunkelfusen, pl., Ausflüchte, leere Ausreden.

kunterbunt, a., ungeordnet, regellos, wirr durcheinander: er redet kunterbuntes Zeug; bei N'. geht es kunterbunt her.

Kute, f., kleine Vertiefung im Boden.

laatschen, v. int., nachlässig, schlürfend gehen, als ob man Laatschen, pl., große, bequeme Hausschuhe anhätte. Adj. laatschig, nachlässig, schlapp, in Kleidung und im Gange.

Laban, n. pr., langer Laban = langer, großer Mensch.

labberig, a., flau, fade, weichlich, von Speisen, Menschen, Wetter.

lächerbar, a., lächerlich.

lackieren, v. tr., jem., betrügen, täuschen, z. B.: Da war ich nun der Lackierte.

Ladenschwengel, } m., Handlungsgehülfe, Ladendiener.
Ladenschwung, }

Lämmerhüpfen, n., scherzhafte Bezeichnung einer Tanzgesellschaft von jungen Mädchen (Backfischen), ohne Herren.

lang, a., Red.: ein langes Gesicht machen, d. i. ein enttäuschtes Gesicht.

längelang, a., der ganzen Länge nach; z. B.: er fiel längelang hin.

langen, v. tr., sich jem. langen = ihn fassen, vornehmen, zur Rede stellen.

langstielig, a., langwierig, langweilig, umständlich.

Lappen, pl., Red.: durch die Lappen gehen = entwischen, entkommen, von Menschen und Sachen.

läppern, v. refl., sich in kleinen Posten, nach und nach, mehren; bes. von kleinen Schulden: es läppert sich zusammen (s. verläppern, v. tr.).

läppisch, a., fade, geschmacklos.

Laternenpfahl, m., Wink mit dem Laternenpfahl = sehr deutlicher Wink, nicht mißzuverstehende Andeutung.

Latte, f., lange Latte = langer, großer Mensch.

Latüchte, f., Laterne.

lauern, v. int., auf jem. lauern = auf jem. warten.; z. B.: ich lauer hier schon eine halbe Stunde auf dich.

Lausbub, m., (Scheltwort); frecher Junge.

ledern, a., ungemütlich, langweilig.

Leichtsinn, m., Reb.: das sagen Sie so in Ihrem jugendlichen Leichtsinn, d. i. ohne Ueberlegung.

leider Gottes, (adverbial gebraucht), verstärkt für „leider".

Leierkasten, m., Drehorgel.

leiern, v. tr., eintönig dasselbe Musikstück, Lied, Gedicht ꝛc. wiederholen; s. runterleiern, v. tr.

Leim, m., Reb.: auf den Leim geh' (kriech') ich nicht = darauf lasse ich mich nicht ein, das ist mir zu unsicher; **leimen**, v. tr., jem. anführen, hintergehen.

leppern, s. läppern.

Lesedachs, m., einer, der auf's Lesen ganz versessen ist, der sich von seinen Büchern nicht trennen kann.

Liederjahn, m., s. Lüderjahn, m.

locker, a., Reb.: nicht locker lassen = nicht nachlassen.

lodderig, a., nachlässig, bes. in der Kleidung.

los, adv., Reb.: etwas los haben = etwas gut verstehen, können; der hat was los = ist beanlagt, schlau; es ist nicht viel los mit ihm = er ist ein unbedeutender Mensch; man los! = nur zu! fang' an!

loseisen, v. tr., jem. aus einer Verlegenheit befreien.

losgehen, v. int., anfangen; z. B.: wann geht denn die Vorstellung los?

losgondeln, v. int., weggehen, aufbrechen (s. gondeln).

loshaben, v. tr., etwas gut verstehen, können.

loslassen, v. tr., Red.: einen Brief loslassen, d. i. schreiben, absenden; eine Rede loslassen, d. i. halten.

loslegen, } v. int., anfangen (von Personen); z. B.:
losschießen, } dann legte er los.

lospruften, v. int., ein Lachen nicht unterdrücken können, loslachen.

Luder, n., Schimpfwort; aber sehr häufig in gutmütigem Sinn gebraucht; z. B.: er ist ein kleines Luder = schlauer, pfiffiger Mensch.

Lüderjahn, m., lüderlicher Mensch, Taugenichts.

lumpen, Red.: sich nicht lumpen lassen = hinter jem. nicht zurückstehen wollen, sich anständig, nobel bezeigen.

lumpig, a., schwach, unbedeutend, wenig.

lütt, a., klein.

machen, v. tr., Red.: mach' doch! mach' doch man zu! = beeile dich; das macht sich = es läßt sich gut an, nimmt einen guten Verlauf; ich mach' mir nichts daraus = ich frage nicht viel danach, es ist mir nicht viel daran gelegen.

Magen, m., Red.: etwas im Magen haben = etwas satt haben, einer Sache überdrüssig sein.

maikäfern, v. int., sich vorbereiten, anschicken, eine Rede zu halten.

mäkeln, v. int., an etw. Kleinigkeiten tadeln (bes. an Speisen).

mal, adv., für einmal; sehr häufig: sehen Sie mal!; kommen Sie mal her!, 2c.

man, adv., nur; man ja nicht! = auf keinen Fall!, oft pleonastisch, z. B.: man nur nicht!

mang, praep., zwischen; scherzhaft mit dem Acc.: mang die vielen Menschen konnte ich ihn nicht finden (s. mittenmang).

Männeken, n., Männchen; scherzhafte Anrede: na, Männeken!

manschen, v. tr., mischen, durcheinander mengen, was eigentlich nicht zusammengehört; Subst. **Gemansch**, n.

Manschetten, pl., Red.: Manschetten vor etw. haben = Furcht, Angst haben.

mären, v. int., mengend in etw. wühlen; (s. rummären, v. int.).

massenbar,\
massenbach, } a., massenhaft.

Matsch, m., Schmutz (bes. bei Thauwetter), dickflüssiger Brei; **matschig**, a., schmutzig; s. zermatschen.

mau, a., 1. unwohl: mir ist ziemlich mau, ich fühle mich ziemlich mau; 2. dürftig, schlecht, mittelmäßig: die Arbeit ist (man) mau; das Essen war mau.

maulen, v. int., schmollen.

Maulwerk, n., (derb) Red.: ein gutes Maulwerk haben = viel reden können; (s. Mundwerk).

Maus, f., Kosewort: kleine Maus!

mauscheln, mit den Händen Bewegungen machen wie ein Jude beim Sprechen, Gehen ꝛc.

mausen, v. tr., stehlen, heimlich wegnehmen; **mausig**, a., Red.: sich mausig machen = sich ungebührlicher Weise hervordrängen; vorwitzig, zudringlich sein.

mauzen, v. int., miauen; auch von Menschen (bes. von Kindern) wimmern.

Meergreis, m., alter Mann, Greis.

meiern, v. tr., jem. anführen, übervorteilen, zum Besten haben.

Menkenke, f., 1. Sache, Zeug ꝛc., z. B.: was kostet die ganze Menkenke? 2. Umstände, Ausflüchte, Redensarten, z. B.: machen Sie doch keine Menkenken!

menschenmöglich, a., ist das menschenmöglich? = vermag das ein Mensch?; **Menschenmöglichkeit**, f., = Möglichkeit, z. B.: es war keine Menschenmöglichkeit, durchzukommen.
Menschenskind! n., Menschenkind, Mensch. Gewöhnlich in verwundertem Ausruf: aber Menschenskind!
merschtendeels, adv., meistenteils, meistens.
meschugge, a., nicht bei Sinnen, verrückt.
Meter, m., scherzhaft für Mark (M); das kostet 10 Meter.
mickerig, a., elend, schwächlich, kränklich.
miemerig, a., sonderbar, verrückt, nicht ganz bei Sinnen.
mies, a., 1. kränklich, schwächlich; 2. flau, faul; von Sachen, (bes. vom Wetter).
mieserig, a., schwächlich, kränklich.
Miesekatze, f., Kinderwort für Katze.
Miesepeter, m., hülfloser, energieloser Mensch; **miesepetrig**, a., schwächlich, kränklich.
Mieze, f., dasselbe wie Miesekatze.
Mimik, f., Sache, Angelegenheit 2c., ebenso gebraucht wie Geschichte (s. d.).
mimen, v. t., etw. machen, ausführen, fertigstellen 2c., z. B.: das hast du ganz verkehrt gemimt (s. rummimen, v. int.).
mir nichts, dir nichts, adverb. gebraucht, ohne weiteres, von selbst,
Mistfink, m., (derbes Schimpfwort), unsauberer Mensch.
mittenmang, adv., mitten dazwischen, darunter.
mogeln, v. int., betrügen (bes. beim Kartenspiel), unrechtmäßig handeln (s. bemogeln).
mollig, a., weich, behaglich, gemütlich.
Moneten, pl., } Geld.
Moos, n.,
mopsen, v. tr., 1. jem. etw., heimlich wegnehmen; 2. v. refl., sich ärgern, sich langweilen; **mopsig**, a., Red.: sich mopsig machen = sich übermütig benehmen, vorbringlich sein.

Moralfatzke, m., einer, der sich auf seine moralischen Prinzipien viel zu Gute thut (s. Fatzke).

Mords-, in Zusammensetzungen wie:

Mordskerl, m., kräftiger, imponierender Mensch.
— **lärm**, m., großer Lärm.
— **kalt**, a., äußerst kalt 2c.

mordsmäßig, a., sehr stark, sehr viel.

Muck, m., Mut, Energie; er hat keinen Muck mehr = ist mutlos geworden.

Muckel, m., kleiner Mensch, oft in der Anrede für Kinder gebraucht: na, kleiner Muckel!

mucksen, v. refl., meistens negativ: sich nicht mucksen, stille halten, keinen Laut von sich geben, sich nicht regen.

muckschen, v. int., üble Laune zeigen, maulen; **mucksch**, a., eigensinnig, übelgelaunt.

muddelig, a., schmutzig, schmierig.

muffeln, v. int., üble Laune zeigen, nicht gut aufgelegt sein.

muffelig, a., unliebenswürdig; **Muffelkopf**, m., Scheltwort für einen unliebenswürdigen Menschen.

multschig, a., verfault, schimmelig.

Mulus, m., (Maulesel) heißt der Abiturient, bevor er zur Universität geht, da er nicht Schüler, nicht Student ist (nicht Pferd, nicht Esel).

mummeln, v. tr. u. int., 1. undeutlich sprechen, murmeln; 2. langsam kauen.

Mummelgreis, m., alter Mann, der infolge des Verlustes seiner Zähne undeutlich spricht.

Mumpitz, m., Scherz, Unsinn, fauler Witz.

Mundwerk, n., Red.: ein gutes Mundwerk haben, viel reden können (s. Maulwerk).

muschelig, a., weich, behaglich, gemütlich.

Mutter Grün, Reb: bei Mutter Grün schlafen = im Freien übernachten.

mutterseelenallein, a., ganz allein.

na! interj., (sehr häufig) Verwunderung, Unwillen, bringende Aufforderung ausdrückend, z. B.: na ob!; na so was!; na drum auch!; na, das fehlte noch!; na, wird's bald!

'n Abend! guten Abend!

Nachtrat, m., Nachtwächter.

nachreiten, v. tr., eine Arbeit nachholen, die man versäumt hat; bes. bei Studenten, wenn sie eine Vorlesung nicht besucht haben: nachschreiben.

nachtschlafend, a., zur Nachtzeit = bei nachtschlafender Zeit.

Nackedei, m., nacktes Kind.

nackicht,
nackig, } a., nackend.

nanu! interj., verstärktes na! zum Ausdruck der verschiedensten Seelenstimmungen: Verwunderung, Mitleid, Entrüstung, Enttäuschung, Ungeduld, z. B.: nanu, was bedeutet denn das? 2c.

Narren, m., Reb.: einen Narren an jem. gefressen haben = jem. in blinder Verehrung zugethan sein.

Nase, f., Alle Nase lang = jeden Augenblick; die Nase in ein Buch stecken = es flüchtig durchlesen, durchblättern; die Nase in Alles stecken = sich um Alles kümmern; immer der Nase lang = immer gerade aus; jem. etw. unter die Nase reiben = ihm etw. energisch vorhalten; Faß' doch an deine Nase = kümmere dich um deine Sachen; jem. eine lange Nase machen = Geberde, die man zum Hohne hinter dem Getäuschten her macht.

Nasenquetscher, m., einfacher Holzsarg.

naſſauern, v. int., 1. auf anderer Leute Koſten leben; 2. bei irgend einer Vorſtellung ꝛc. zuſehen, ohne Eintrittsgeld zu bezahlen, indem man z. B. durch den Zaun guckt. Einer der „naſſauert" iſt ein **Naſſauer.**

nee, adv., (ſehr häufig) nein.

nich, adv., nicht; noch nich; nich wahr? ꝛc.

nieſeln, v. int., ſanft, tauartig, aber beſtändig regnen.

niſcht,
nix, } adv., nichts.

nochmal, (noch ein Mal) an Flüche und heftige Ausrufe angehängt: Herrje nochmal!; Donnerwetter nochmal!

nölen, v. int., zögern, langſam ſein, adj. **nölig;** Subſt. **Nölpeter,** ꝛc. m.

Noten, pl., Red.: ſich nach Noten langweilen, nach Noten jem. verprügeln, ausſchelten ꝛc., d. i. ſehr, derb, tüchtig.

nu, adv., nun; was iſt denn nu wieder los? ꝛc.

nudeln, v. int., lutſchen, ſaugen.

Nummer, f., Red.: eine feine Nummer = gute Waare, gute Qualität, (von allen möglichen Gegenſtänden gebraucht.) **Nummer ſicher,** Polizeigefängnis.

nur ſo, (adverbial gebraucht), leicht, ohne alle Anſtrengung, zur Charakteriſierung von Leiſtungen, die ohne Mühe ausgeführt werden, z. B.: es ging nur ſo (wobei das Verbum betont iſt).

nutſchen, v. int., ſaugen.

ob, in Entgegnungen; gew. „na ob", „und ob" = freilich, erſt recht.

oben, adv., Red.: oben auf ſein = vergnügt, munter ſein.

Oberſtübchen, n., Kopf; z. B.: bei dem iſt's im Oberſtübchen nicht richtig = er iſt nicht bei Verſtand.

ochſen, v. tr. u. int., emſig lernen, angeſtrengt arbeiten (beſ. zum Examen).

öde, a., langweilig; z. B.: die Rede war sehr öde; öden, v. tr. u. int., albernes Zeug reden, um jem. zu reizen (s. anöden, v. tr. u. rausöden, v. tr.).; sich öden = sich langweilen.

Oelgötze, m., phlegmatischer langweiliger Mensch.

ohne, praep., Reb.: nicht ohne = nicht übel, nicht ohne Bedeutung, nicht zu verachten, läßt sich hören; z. B.: der Wein ist gar nicht ohne; dein Plan ist gar nicht so ohne.

Ohr, n., Reb.: jem. über's Ohr hauen = übervorteilen; die Ohren aufsperren = intensiv zuhören.

Olle, f., Alte, = Mutter, Frau, Herrin; (auch Ollsche) (s. Alte).

Oller, m., Alter = Vater, Ehegatte, Vorgesetzter 2c. (auch Ollscher) (s. Alter).

Omama, f., (Kinderwort), Großmutter.

Onkel, m., gemütliche Bezeichnung für ältere Menschen: er ist ein riesig gemütlicher Onkel.

Opapa, m., (Kinderwort), Großvater (s. Omama).

ordentlich, a., 1. wirklich: das ist ordentlich nett von Dir; 2. gehörig: er hat ordentliche Schelte bekommen.

Package, f., (Schimpfwort), Gesindel, Pöbel.

paff, a., s. baff.

paffen, v. int., beim Rauchen den Tabaksdampf hastig, hörbar von sich blasen.

Pamps, m., dicker Brei; pampsig, a., breiig; pampsen, v. int., viel essen.

Pappe, f., Reb.: nicht von Pappe, = gehörig, tüchtig, kräftig; z. B.: er bekam Prügel, die waren nicht von Pappe 2c.

pappen, v. tr. u. int., gemütlich essen.

pardautz! Ausruf, der einen Fall 2c. begleitet, z. B.: pardautz, da lag er.

patent, a., fein, schön, elegant; z. B.: der Anzug sieht sehr patent aus; Patentfatzke, m., übermäßig elegant gekleideter Mensch (s. Fatzke).

Patſch, m., Schlamm, Schmutz; **patſchen**, v. int., in's Naſſe treten, waten; **patſchenaß**, a., ſ. pitſchenaß.

Patſche, f., 1. (Patſchhand, Patſchhändchen) Koſewort für Hand; 2. Verlegenheit, üble Lage, z. B.: in der Patſche ſitzen; jem. aus der Patſche helfen.

patzig, a., frech (beſ. beim Antworten).

Pauke, f., ermahnende Rede; jem. eine Pauke halten = jem. ausſchelten (ſ. Standpauke, f.).

pauken, v. int., unterrichten; **Pauker**, m., Lehrer; (ſ. einpauken, v. tr.; Einpauker, m.).

pechrabenſchwarz, a., tiefſchwarz (ſ. kohlrabenſchwarz).

Pechvogel, m., Menſch, der immer Pech (Unglück, Mißgeſchick) hat; **pechös**, a., unglücklich, ungünſtig.

Pelle, f., Haut, z. B. von Kartoffeln, Wurſt ꝛc. (ſ. abpellen, v. int.).

Penne, f., Schule, beſ. Gymnaſium; (auch Pennal, n.); Pennäler, m., Schüler.

pennen, v. int., ſchlafen.

Pepo, m., kleiner Junge, kleiner Kerl.

perplex, a., verwirrt, im höchſten Grade erſtaunt.

Peſel, m., Einfaltspinſel, beſchränkter, langweiliger Menſch.

petten, v. tr., jem. mit dem Fuße treten.

Pfeffer, m., Red.: im Pfeffer ſitzen = in Verlegenheit ſein; da ſitzt der Haſe im Pfeffer = da haben wir die Verlegenheit.

pfeffern, v. tr. u. int., werfen, ſtoßen, ſchlagen; z. B.: ſie pfefferten mit Steinen.

pfeifen, v. tr. u. int., 1. auf etw. pfeifen = nichts darauf geben, etw. verachten, z. B.: ich pfeife auf deine Ermahnungen; ich pfeif' dir was = ich thue ganz das Gegenteil von dem was Du verlangſt, ich thue nichts für Dich; 2. v. tr., einen (Schluck) pfeifen, d. i. trinken, (beſ. Schnaps).

Pfiffikus, m., Schlaukopf.

Pfingstochse, m., Reb.: geputzt wie ein Pfingstochse = übermäßig, geschmacklos aufgeputzt.

pfropfenvoll, a., übermäßig, gedrängt voll.

Piccolo, m., Bezeichnung für einen kleinen Kellner.

picheln, v. int., gehörig zechen, langsam aber anhaltend trinken.

Pick, m., Reb.: auf jem. einen Pieck haben = geheimen Groll gegen jem. hegen.

pieken, v. tr., (auch pieksen) stechen.

piekfein, a., sehr gut, vorzüglich ꝛc.

Philister, m., nennt der Student jeden älteren, nichtstudirenden Mann, dann hauptsächlich seinen Wirt, bei dem er wohnt. Dessen Frau heißt **Philöse**, f., die Tochter **Philinchen**.

piepe, adv., Reb.: das ist mir ganz piepe = gänzlich einerlei.

piepsig, a., kränklich, schwächlich.

piesacken, v. tr., jem. ärgern, quälen, plagen.

pimpeln, v. int., gegen Witterungseinflüsse übermäßig empfindlich sein; **pimpelig**, a., empfindlich (in der Gesundheit), verweichlicht, verzärtelt; **Pimpelfritz**, -meier, -liese, -lotte, Bezeichnung für „pimpelige" Leute (s. verpimpeln, v. tr.).

pitschenaß, a., ganz durchnäßt.

pladdern, v. int., stark regnen, so daß die Tropfen mit Geräusch aufschlagen; **pladdernaß**, a., ganz durchnäßt.

planschen, v. int., im Wasser platschen (s. überplanschen).

Plapperlotte, f., (auch Plappermaul, n. (derb), -mäulchen, n.), schwatzhafte Person.

platt, a., Reb.: platt sein = überrascht, im höchsten Grade erstaunt sein; z. B.: ich war ganz platt.

Pleite, f., Bankerott; Reb.: pleite gehen, pleite machen = Bankerott machen; pleite gehen (von Sachen) = verloren gehen, abhanden kommen.

Plempe, f., 1. schwaches, fades Getränke; z. B. dünner Kaffee; dazu Adj. **plemperig**; 2. Säbel, Degen.

plinkern, v. int., mit den Augen blinzeln.

plötzlich, a., Reb.: aber etwas plötzlich! = schleunig!; z. B.: Kellner! ein Bier, aber etwas plötzlich!

plümerant, a., (s. blümerant, a.).

Plümpe, f., plumpes, taktloses Benehmen.

plumps! interj., Schallnachahmung zur Bezeichnung eines Falles.

plumpsen, v. int., mit dumpfem Geräusch in's Wasser fallen.

Plutz, m., Reb.: etw. auf den Plutz thun, machen = es auf der Stelle, augenblicklich thun.

polken, v. tr. u. int., mit den Fingerspitzen etw. abzulösen versuchen; Rosinen aus dem Kuchen polken; (s. rauspolken, v. tr. und zerpolken, v. tr.).

Pomade, f., Reb.: das ist mir Pomade = einerlei; **pomadig**, a., langsam, bequem, faul, blasiert.

Pomadenhengst, m., Stutzer, Geck.

Ponnylocken, pl., die über die Stirne gekämmten kleinen Löckchen (bei Damen).

Poten, pl., (Pfoten), Hände, Füße; ich friere an meinen Poten.

Pott, m., Topf.

preschen, v. int., schnell laufen, eilen, rennen.

proppenvoll, a., (s. pfropfenvoll).

Proste Mahlzeit, (aus „prosit die Mahlzeit"!) adverbial gebraucht als Abweisung einer Bitte 2c. = daraus wird nichts!

Protzer, m., Prahler, Renommist; **protzen**, v. int., mit etw. prahlen, renommiren, großthuen; **protzig**, a., prahlerisch.

prubeln, v. int., schlecht, ungeschickt, ungleich nähen, stricken 2c.; (s. verprubeln, v. tr.).

pruschen, v. int., niesen, schnauben.

prusten, v. int., 1. niesen, schnauben; 2. ein Lachen nicht mehr unterdrücken können, mit Heftigkeit loslachen; in letzterer Bedeutung gew. losprusten (s. b.).

Pudel, m., Fehlschuß, Fehlwurf, falscher Ruderschlag, überhaupt Versehen; **pudeln**, v. int., einen Pudel machen = einen Fehlschuß ꝛc. machen (s. verpudeln, v. tr.).

pudelnärrisch, a., kindisch, übertrieben lustig, ausgelassen.

Puff, m., Stoß, Schlag; Red.: einen guten Puff vertragen können = widerstandsfähig sein (von Personen und Sachen); **puffen**, v. tr., stoßen.

Pulle, f., Flasche.

Pummel, m., kleiner, dicker Mensch; oft als Schmeichelwort: süßer Pummel; **pummelig**, a., rundlich, niedlich.

Pump, m., 1. das Geldborgen; 2. Credit; z. B.: bei dem habe ich keinen Pump mehr; auf Pump leben = nur auf Credit leben.

pumpen, v. tr. u. int., Geld borgen (s. anpumpen, v. tr.).

Puppen, pl., 1. Red.: das geht über die Puppen, das geht über das Erlaubte (über den Spaß); 2. bis in die Puppen = unbegrenzt (von der Zeit), immerfort, ad infinitum.

puppern, v. int., schnell klopfen, ängstlich schlagen (vom Herzen).

purzeln, v. int., umfallen, hinfallen.

Puschel, f., Quaste.

Pusel, m., Schmeichelwort (bes. für Mädchen und Kinder): süßer Pusel; kleines Puselchen.

pussieren, v. tr., jem. den Hof machen, die Kur schneiden, (mit jem. pussieren = mit jem. kokettieren); **Pussade**, f., **Pussage**, f., diejenige, welche „pussiert" wird; **Pussierhengst**, m., einer, der im Pussieren groß ist.

Puste, f., Atem; mir geht die Puste aus.

puterrot, a., rot wie ein Puter.

püttcherig, a., 1. übertrieben sorgfältig, penibel; 2. sonderbar, verrückt, nicht ganz bei Verstand.

Putthahn, m., **Putthuhn**, n., Kinderwort für Hahn und Huhn.

putzig, a., drollig, komisch, possierlich, sonderbar.

quabbelig, a., fett und weich, fleischig; das, was vor Fett in zitternde, schaukelnde Bewegung gerät, wenn es erschüttert wird.

Quackelei, f., unnützes, unbegründetes Gerede; **quackeln**, v. int., unnütze, überflüssige Redensarten machen; **quackelig**, a., Subst.: Quackelfritz, -lotte ꝛc. (s. Gequackel).

Quadratschädel, m., Schimpfname für einen starrköpfigen und beschränkten Menschen.

Quälgeist, m., einer, der mit Bitten, Drängen nicht aufhört.

quängeln, v. int., 1. unzufrieden sein, an etw. Kleinigkeiten tadeln; 2. wiederholt, bringend bitten, z. B.: er quängelte so lange, bis ich endlich seinen Wunsch erfüllte.

Quark, m., gleichgültige, unbedeutende Sache.

quarren, v. int., aus Unzufriedenheit weinen, weinerlich murren, brummen (bes. von Kindern); **quarrig**, a., weinerlich, wie ein kleines Kind, grundlos klagend; Quarrlotte ꝛc. (s. Gequarre.)

quaseln, v. int., verworrenes Zeug, viel und unnütz reden; **quaselig**, a., Quaselfritz ꝛc.; (s. Gequasel.)

Quatsch, m., 1. Schmutz, dickflüssiger Brei; **quatsch!** zur Bezeichnung des Schalles, den ein weicher, nasser Körper beim Fallen verursacht: **quatschen**, v. int., zur Bezeichnung des Lautes, den eine feuchte, weiche Masse hören läßt, wenn man in derselben geht oder hantiert, z. B. feuchter Lehm quatscht, ebenso übernasses Schuhwerk; **quatschenaß**, a., so naß, daß es quatscht;

2. **Quatsch** = albernes Zeug; **quatschen**, v. int., albernes, dummes Zeug, Unsinn reden; dazu **quatsch** adj., z. B.: eine quatsche Geschichte; **Quatschkopf**, (s. Gequatsche, n).

Quese, f., Blase auf der Haut (z. B. infolge von Rudern).

quieksen, v. int., kreischen.

quietschen, v. int., 1. kreischen; 2. zur Bezeichnung des Geräusches, welches nicht geöltes Metall, wenn es mit harten Gegenständen in Berührung kommt, von sich gibt (Thürangel, Pferdebahnschienen ꝛc.).

quosen, v. int., 1. gemütlich, behaglich essen; 2. verworrenes Zeug reden.

quurksen, v. int., zur Bezeichnung des Tones, den das Gehen in ganz durchnäßtem Schuhwerk hervorbringt.

rabasteln, v. int., geräuschvoll hantieren, lärmend herumwirtschaften; **rumrabasteln**, v. int., dasselbe.

Racker, m., Pfiffikus, Schelm, (gutmütiges Schimpfwort); **Rackerzeug**, m., Gesindel, oft in gemütlichem Sinne.

Radau, m., Lärm, Unfug, z. B.: macht doch nicht solchen Radau!

rammdösig, a., bezeichnet das dumpfe Gefühl im Kopfe, das man infolge starken Lärms, übergroßer Arbeit hat.

rammeln, v. int., rütteln, z. B.: an einer verschlossenen Thüre rammeln.

Ramsch, m., ungeordneter Haufe, Ausschußwaare, alte, zurückgesetzte Waare, Restbestand; Red.: im Ramsch kaufen = im Ganzen, in Bausch und Bogen, ohne Auswahl des Besseren kaufen.

ran, adv., heran; z. B.: immer ran! ꝛc.

Rand, m., 1. Red.: außer Rand und Band sein = sehr ausgelassen sein; 2. das versteht sich am Rande = das ist selbstverständlich; 3. (derb) Rand = Mund, den Rand halten.

Randal, m., Lärm, Skandal; **randalieren**, v. int., Lärm machen.

ranschlängeln, v. refl., sich vorsichtig nähern.

Rappel, m., Red.: einen Rappel haben = nicht recht bei Sinnen sein, nicht bei gesundem Verstand sein; **rappelig**, a., verrückt, nicht ganz bei Sinnen; **rappeln**, v. int., Red.: bei dem rappelt's wohl? **rappelköpfig**, a. = rappelig.

Raptus, m., Red.: einen Raptus haben = nicht ganz bei Sinnen sein; einen Raptus bekommen = einen unsinnigen Gedanken haben, närrischen Entschluß fassen, z. B.: er bekam mit einem Mal den Raptus, ohne weiteres abzureisen.

rasaunen, v. int., schnell, lärmend, polternd rennen; die Treppe, die Straße runterrasaunen (s. rumrasaunen, v. int.).

Ratz, m., Red.: schlafen wie ein Ratz = sehr fest schlafen. In Zusammensetzungen: Spiel-, Leseratz ꝛc., Mensch, der auf's Spiel, auf's Lesen ꝛc. ganz versessen ist; **ratzekahl**, adv., ganz und gar, mit Stumpf und Stiel z. B.: er hat sich die Haare ratzekahl abscheeren lassen.

rauf, praep., hinauf, herauf.

raufkraxeln, v. int., hinaufsteigen, hinaufklettern (s. kraxeln).

Rauhbein, n., grober, streitsüchtiger Mensch.

Raupen, pl., Red.: den Kopf voll Raupen haben ꝛc. = immer dumme Sachen im Kopf haben.

raus, adv., heraus, hinaus; Red.: etw. raus haben = etw. gut können, verstehen.

rausbeißen, v. tr., (z. B. den Juristen, den noblen Mann ꝛc.) einseitiges, unberechtigtes Hervorheben einer besonderen Eigenschaft ꝛc.; als etw. erscheinen wollen, was man nicht ist.

rausekeln, v. tr., jem. durch fortgesetzte Neckereien, Verhöhnungen ꝛc. vertreiben.

rausgraulen, v. tr., jem. durch Erzählung schauriger Geschichten ꝛc. zum Verlassen des Zimmers bewegen.

raushängen, v. tr., jem. entfernen, von etw. ausschließen (aus einem Vereine, einer Gesellschaft ꝛc.).

rausknobeln, v. tr., etw. ausfindig machen, herausbekommen.

rauskriegen, 1. beim Geldwechseln kleines Geld zurückbekommen; 2. etw. ermitteln, ausfindig machen (s. kriegen).

rauslootsen, v. tr., jem. herauslocken, herausholen.

rausmachen, v refl., sich erholen, sich kräftig entwickeln.

rausöden, v. tr., jem. durch fortgesetzte Neckereien ꝛc. vertreiben (s. öden).

rauspolken, v. tr., mit den Fingerspitzen etw. aus etw. loslösen.

rausreißen, v. tr., jem. aus einer Verlegenheit, einer unangenehmen Situation befreien.

rausrücken, v. tr., mit etw., etw. hergeben, mit etwas zum Vorschein kommen, z. B.: Gelder rausrücken; schließlich rückte er noch mit der Mitteilung raus, daß ꝛc.

raustrommeln, v. tr., jem. durch Klopfen, Lärmen aufwecken ꝛc.

rauswimmeln, v. tr., jem. aus etw. ausschließen, entfernen (z. B. aus einer Gesellschaft, einem Verein).

rauswutschen, v. int., leise, unbemerkt aus einem Raume sich entfernen.

Reff, n., altes Reff, Schimpfname; altes, unordentliches Frauenzimmer.

rein, adv., herein, hinein.

rein, reineweg, adv., geradezu, ganz, gänzlich, z. B.: das habe ich reineweg vergessen; er ist rein von Sinnen.

Reinfall, m., Enttäuschung, getäuschte Erwartung ꝛc.; **reinfallen**, v. int., sich in seinen Erwartungen täuschen, betrogen werden.

reinlegen, v. tr., jem. besiegen, jem. seine Ueberlegenheit in einer Sache zeigen, z. B. im Billardspiel.

reinraffeln,
reinfegeln, } v. int., wie „reinfallen‘, nur stärker.

rekeln, v. refl., sich recken, sich flegelhaft hinlegen; sich auf dem Sopha rekeln.

rempeln, v. tr., jem. beim Gehen absichtlich anstoßen; **Rempelei,** f. (s. anrempeln, v. tr.).

Retourkutsche, f., Erwiederung, Vorwurf ꝛc. in denselben Worten, wie sie der, zu dem man spricht, gebraucht hat.

rips=raps,
ritsch=ratsch, } interj., schallnachahmend zur Bezeichnung des Tons, der beim schnellen Zerschneiden,
ritz=ratz, Zerreißen eines Gegenstandes (z. B. Papier, Zeug) entsteht.

riesig, a., groß, gewaltig ꝛc.; äußerst häufig gebraucht: er hat riesiges Glück beim Spiel; ich habe mich riesig gefreut ꝛc.

Rollmops, m., 1. gerollter Hering in Essig; 2. Junge zur Bewachung der Waaren auf einem Rollwagen.

Rosinen, pl., Red.: große Rosinen im Kopf haben = große Entwürfe, Pläne, Erwartungen haben, hoch hinaus wollen; sich viel einbilden.

Rotspohn, m., Rotwein.

rubbeln, v. tr., reiben, scheuern, glatt machen (s. abrubbeln).

rudeln, v. int., bezeichnet die Erschütterung, die ein über unebenes Terrain fahrender Wagen verursacht.

Ruds, m., Ruck, Stoß; **ruckweise,** adv., stoßweise, in Absätzen, mit Unterbrechung.

Rüffel, m., Verweis; jem. **rüffeln,** jem. ausschelten, ihm einen Verweis geben.

Rülps, m., hörbares Aufstoßen; **rülpsen,** v. refl., aufstoßen.

rum, adv., herum, umher.

rumfummeln, v. int., an etw. unsicher herumtasten.

rumklabastern, v. int., lärmend hantieren, (s. klabastern.)

rumkorksen, v. int., sich ohne Erfolg an etw. zu schaffen machen.

rumkriegen, v. tr., jem. überreden, durch Zureden zu etw. veranlassen.

rummären, v. int., herumwühlen in etw.

Rummel, m., 1. altes Gerät, Waarenreste, buntes Durcheinander; was kostet der ganze Rummel? 2. Reb.: den Rummel kennen = alle Pfiffe und Kniffe bei einer Sache kennen; wissen, wie's gemacht wird.

rummimen, v. int., herumgehen, sich aufhalten, sich zu schaffen machen ꝛc.

Rumpelkammer, f., Kammer für altes Geräte.

Rumpelkasten, m., alter Wagen ohne Federn.

rumpeln, v. int., bezeichnet den dumpf dröhnenden Ton, den ein über unebenes Terrain fahrender Wagen macht.

rumpetern,
rumpüttchern, v. int., an etw., ohne Erfolg sich an einer Sache zu schaffen machen, z. B. an einem Schlosse (das schwierig zu öffnen ist) rumpetern.

rumrabasteln, v. int., lärmend herumwirtschaften.

rumrasannen, v. int., lärmend hantieren und dabei hin und her laufen.

rumschnüffeln, v. int., die Nase überall haben, herumspionieren.

rumstumpfen, v. int., langweilige Sachen unternehmen, in gelangweilter Stimmung zwecklose Sachen anfangen.

rumstrolchen, v. int., herumschweifen, umherwandern.

rumsumpfen, v. int., unsolide leben, herumkneipen ꝛc. (s. sumpfen).

rumtollen, v. int., ausgelassen hin- und her laufen.

rumwimmeln, v. int., sich herumtreiben, umherwandern.

rumwursteln, v. int. 1. geschäftig hin und her eilen; 2. an etw. rumwursteln, sich ohne Erfolg an etwas zu schaffen machen.

rumwurzeln, v. int., lärmend hantieren und dabei hin und her laufen.

rungenieren, v. tr., (ruinieren) zerstören, verderben, entzwei machen,

runterlangen, v. tr., Red.: jem. eine runterlangen = jem. eine Ohrfeige geben.

runterleiern, v. tr., eintönig etw. vortragen (Gedicht, Musikstück).

runtermachen, v. tr., jem. tadeln, schelten, nichts gutes an ihm lassen.

Rüpel, m., ungeschliffener Mensch, Adj. **rüpelhaft**.

rupfen, v. tr., jem. ausplündern, ausnutzen, ihm ordentlich Geld abnehmen, ihn gehörig bezahlen lassen.

ruppig, a., schäbig, sowohl vom Aeußeren, wie von der Gesinnung; **Ruppsack**, m., ruppiger, schäbiger Mensch.

Rutschpartie, f., Fahrt einen Abhang abwärts.

sabbern, v. int., (auch sabbeln) den Speichel aus dem Munde fließen lassen (bei Kindern), s. besabbern, v. refl.; **Sabbelfritz**, m., 2c.

säbeln, v. int., hastig, ungeschickt schneiden (s. absäbeln, v. tr.).

Sabul, m., Säbel.

sachteken, adv., sachte, leise.

sackgrob, a., sehr grob.

Sackstrippe, f., zur Verstärkung gebraucht, z. B.: bezecht wie eine ('ne) Sackstrippe (derb); grob wie eine Sackstrippe.

saftig, a., 1. derb, kräftig; z. B.: eine saftige Ohrfeige; eine saftige Rede, d. i. in energischen Worten abgefaßt; 2. obscön, pikant: eine saftige Anekdote.

Salat, m., Red.: da haben wir den Salat! = da haben wir die Bescheerung! (s. d.)

Sammelsurium, n., Sammlung von allerhand geringfügigen, unnützen Dingen.

Saugrob, a., (derb) sehr grob.
— **wetter**, n., (derb) schlechtes Wetter.
Schabbes, m., Sabbat, Sonntag; **Schabbesdeckel**, m., Bezeichnung für einen schlechten Hut.
Schachtel, f., alte Schachtel = alte Jungfer.
schachteln, v. tr., packen (s. einschachteln, v. tr.).
schanieren, v. refl., sich genieren, blöde sein; **schanierlich**, a., genierlich.
schanzen, v. int., angestrengt arbeiten.
Scharteke, f., gew. alte Scharteke = altes Gerät, Buch; (auch von Menschen).
schäsen, v. int., laufen, schnell gehen; z. B.: die Straße entlang schäsen.
schauderös, a., schauderhaft.
Schauer, m., dient zu einigen Zusammensetzungen:
   Schauerroman, m. = Ritter- und Räuberroman.
   — **weib**, f. = sehr häßliches Frauenzimmer ꝛc.
Schaute, m., Narr.
Scheibe! interj., Ausdruck der Verneinung einer Bitte, eines Wunsches = nein, nichts da; denk nicht dran.
Schiddebold, m., Libelle.
Schiedunter, m., scherzhafte Verdrehung von Unterschied.
schief, a., Reb.: sich schief lachen = übermäßig lachen über etw.; **schief gewickelt**, s. gewickelt; **schief gehen**, v. int., mißlingen: die Sache wird schon schief gehen.
Schießprügel, m., Flinte.
Schimpfe, f., Schelte.
schinden, v. tr. u. int., etw. genießen ohne zu bezahlen, auf anderer Leute Rechnung etw. genießen, z. B.: Mittagessen bei jem. schinden ꝛc., Konzert schinden, Lokal schinden ꝛc.; Subst. **Schinder**, m.
schiwern, v. int., vor Kälte zittern.
Schlaaks, m., langer, unbeholfener Mensch.

Schlachtenbummler, Begleiter der Hauptquartiere im Feldzuge, ohne militärische Stellung, bes. Berichterstatter der Zeitungen.

schlabbern, v. int., verschütten.

Schlafittchen, n. (Schlawittchen), Genick, Rockkragen; jem. beim Schlafittchen kriegen = 1. ihn fest halten; 2. zur Rede stellen.

Schlafratz, m., (f. Ratz) Mensch, der gerne und viel schläft.

schlampampen, v. tr. u. int., schwelgen, schlemmen, gut und reichlich essen; Austern schlampampen.

schlankweg, adv., ohne Hinderniß, ohne Anstoß, ohne Aufenthalt.

schlapp, a., schlaff, weich, schwächlich, kraftlos, ermattet, (von Speisen = flau, ohne Gewürz).

Schlappen, pl., große, bequeme Hausschuhe; **schlappen**, v. tr., schlürfen, z. B. Milch schlürfen.

Schlappschwanz, m., unentschlossener, wankelmütiger, energieloser Mensch.

schlappsig, a., 1. schlaff, kraftlos; 2. nachlässig, liederlich, unordentlich (in der Kleidung).

Schlapps, m., unordentlicher, in der Kleidung nachlässiger Mensch.

Schlauberger, m., schlauer Mensch.

Schleckermaul (Süßmaul) n., einer, der gerne Süßigkeiten ⁊c. ißt.

schleierhaft, a., rätselhaft, unerklärlich.

schleifen, v. tr., schleppen; einen Wiederstrebenden mit nach X. schleifen ⁊c.

schlimm, a., 1. wund, z. B. schlimmer Finger; 2. Red.: das ist nicht schlimm = will nicht viel sagen.

Schluckauf, \
Schlucken, } m., Aufstoßen, krampfhafte Zusammenziehung des Zwerchfells.

Schlumper, m., unordentlicher Mensch; **schlumperig**, a., unordentlich; **schlumpsig**, a., unordentlich angezogen.

Schmachtlocken, pl., lange Locken an den Schläfen (bei Damen).

schmählig, adv., sehr, z. B.: schmählig kalt; er hat sich schmählig geärgert.

Schmatz, m., Kuß.

schmatzen, v. int., mit Geräusch kauen.

schmeißen, v. tr., etw. zum besten geben, jem. mit etw. freihalten, z. B.: jem. eine Flasche Wein schmeißen.

Schmiere, f., herumziehende Theatergesellschaft untergeordneten Charakters.

schmieren, v. tr., jem. ein Trinkgeld geben, ihn bestechen.

Schmierfinke, m., (Schimpfwort) unreinlicher Mensch.

Schmöker, m., 1. alter Ritter-, Räuberroman ꝛc.; dazu **schmökern**, v. int., bezeichnet die Beschäftigung mit derartiger Lektüre.

Schmuddelei, f., Schmutzerei; **schmuddelig**, a., schmutzig, schmierig.

Schmul, m., Jude.

schmurksen, v. int., schmutzen, s. einschmurksen, v. refl.

Schmus, m., verworrenes Gerede, unklare, alberne Rede; **schmusen**, v. int., Unsinn reden.

schnabbern, v. int., schwatzen, viel reden; **Schnabberlotte**, f. ꝛc.

schnabullieren, v. int., behaglich essen.

Schnabus, m., Schnaps.

Schnack, m., Scherzrede, lustiger Einfall, Unsinn; z. B.: ach was, Schnack!; **schnacken**, v. int., Unsinn reden, schwatzen; **schnackig**, a., spaßig, drollig.

schnappen, v. int., Red.: jetzt hat's geschnappt = jetzt hat's aufgehört, jetzt ist's genug.

Schnapsidee, f., (derb) unsinniger, spaßiger Einfall.

schnauzen, v. int., grob reden, schimpfen, s. anschnauzen, v. tr.

Schneekönig, m., Red.: sich wie ein Schneekönig freuen = sich sehr freuen.

schneiden, v. tr., 1. Reb.: jem. die Cour schneiden = den Hof machen; 2. v. refl., sich verrechnen, sich in seinen Erwartungen getäuscht sehen, z. B.: wenn du dachtest, ich würde dir helfen, so hast du dich geschnitten.

Schneider, m., Reb.: 1. frieren wie ein Schneider = sehr frieren; 2. sie ist aus dem Schneider = über 30 Jahre alt (vom Skatspiel entnommen); aus dem höhern Schneider sein = bedeutend über 30 Jahre alt sein.

Schnickschnack, m., Unsinn, bes. in abweisenden Entgegnungen ach was, Schnickschnack! = daraus wird nichts 2c.

Schniepel, m., Frack.

Schnipsel, m., Schnitzel, Span, z. B.: Papierschnipsel; **schnipseln**, v. tr., in kleine Stücke schneiden, s. ab= schnipseln, v. tr.

Schnitt, m., 1. kleines Glas Bier; 2. Reb.: einen Schnitt machen = einen Gewinn, ein gutes Geschäft machen.

schnobberig, a., frech, bes. ‚schnobberige‘ Redensarten; **Schnob= berigkeit**, f., Frechheit, bes. beim Antworten.

schnopen, v. tr., Süßigkeiten naschen.

schnorpsen, v. int., bezeichnet einen scharfen, schnarrenden oder knisternden Ton, wie er entsteht z. B. bei Zerkauen von scharf Gebackenem, Zucker oder beim Gehen auf festem Schnee.

schnorren, v. int., betteln; **Schnorrer**, m., Bettler.

Schnucks, m., Schmeichelwort (bes. für kleine Kinder).

schnüffeln, v. int., herum riechen, oft und viel riechen, die Nase überall haben, spionieren; s. rumschnüffeln, v. int.

schnuppe, adv., gleichgültig, einerlei, z. B.: das ist mir gänzlich schnuppe = ganz einerlei, ganz egal.

schnuppern, v. int., riechen, herumriechen, s. beschnup= pern, v. tr.

Schnurrpfeifereien, pl., unnütze Kleinigkeiten, Nippsachen

Schnute, f., Mund; **Schnutchen**, n., Kosewort für kleine Mädchen.

schön, adv., sehr ꝛc., bes. ich werde mich schön hüten.

schofel, a., schlecht, schäbig, gemein, erbärmlich (von Personen und Sachen).

schrapen, v. int., mit festem Druck abkratzen, s. abschrapen, v. tr.

Schraube, f., 1. alte Schraube = altes Frauenzimmer; 2. Reb.: bei jem. ist eine Schraube los = er ist nicht ganz bei Verstand.

Schreibebrief, m., Brief.

schrumm, interj., fertig! basta!

Schrumpel, f., Runzel, Falte; **schrumpelig**, a., faltig; s. einschrumpeln, v. int., verschrumpeln, v. int.; zusammenschrumpeln, v. int.

schuften, v. int., arbeiten.

schummeln, v. int., betrügen; beschummeln, v. tr. (s. b.).

schummerig, a., dämmerig.

Schund, m., schlechte Waare.

schunkeln, v. int., schaukeln, bes. vom Schiff auf dem Wasser.

schupp! interj., schallnachahmend zur Bezeichnung eines schnellen Ruckes, Sprunges ꝛc., z. B.: schupp, war er raus; mit einem Schupp = mit einem Mal, in einem Zuge ꝛc.

Schupps, m., schiebender Stoß; **schuppsen**, v. tr., stoßen, puffen.

schurren, v. int., scharren, mit den Füßen.

Schusfel, m., unordentlicher Mensch; **schusselig**, a., unordentlich, gedankenlos.

Schuß, m., Reb.: im Schuß = in Eile, im Eifer.

schustern, v. tr., verfertigen, fabriziren, bes. sich etw. zurecht schustern = sich etw. zurecht machen, repariren ꝛc.

schwabbelig, a., zitterig, von fetten, weichen Gegenständen; schwabbeln, v. int., zittern.

schwach, a., schlecht, unvollkommen (von Sachen); das Konzert war man schwach.

Schwachheit, f., Red.: bilde dir nur keine Schwachheiten ein = mach' dir keine Illusionen.

Schwachmatikus, m., schwacher, kraftloser Mensch.

schwadronieren, v. int., laut und ärgerlich reden, schimpfen, schelten.

schwafeln, v. int., gedankenlos reden.

Schwamm drüber! Red.: reden wir nicht mehr davon!

schwänzen, v. tr. u. int., ohne Erlaubniß die Schule versäumen. Dann allgemein: ohne triftigen Grund von irgend einer Veranstaltung fern bleiben.

schwappen, schwappeln, } v. int., übergießen, überlaufen.

Schwarte, f., altes Buch.

Schwede, m., gemütliche Anrede: alter Schwede!

Schwefelstiden, pl., lange, magere Beine.

Schwein, n., Red.: Schwein haben = Glück haben (sehr häufig).

Schweinerei, f., (derb) 1. Schmutz; 2. Gemeinheit, Schande, unbillige Handlung 2c.

Schweinewetter, n., (derb) sehr schlechtes Wetter.

Schweinsigel, m., (derbes Schimpfwort), schmutziger Mensch.

schwer, adv., Red.: sich schwer hüten, etw. zu thun, d. i. sich sehr hüten 2c.

Schwerebrett! Ausruf des Erstaunens, der Verwunderung.

Schwerenöter, m., ein gewandter Mensch, der sich durch gesellschaftliche Talente überall beliebt zu machen versteht: ein liebenswürdiger Schwerenöter.

schwiemeln, v. int., liederlich leben, sich des Nachts umhertreiben; **schwiemelig,** a., 1. übernächtig; 2. schwindlich, ängstlich, z. B.: mir wurde schon ganz schwiemelig zu Mute = mir wurde ganz Angst, ich begann schon zu verzweifeln (s. verschwiemeln).

schwimmen lassen, v. tr., etw. aufgeben, auf etw. verzichten.

Schwindel, m., allgemein für Sache, Waare, Angelegenheit ꝛc., z. B.: was kostet der ganze Schwindel?

Schwindelmeier, m., Schwindler, Lügner.

schwingen, v. tr., 1. eine Rede schwingen = halten; 2. besitzen, z. B.: Bombengelber schwingen = großes Vermögen besitzen.

Schwipps, m., kleiner Rausch.

schwögen, v. int., plaudern, viel reden.

Schwoof, m., Tanz; auf den Schwoof gehen = zum Tanzen gehen; dazu **schwoofen**, v. int.

Schwung, m., verächtliche Bezeichnung für Commis.

schwuppdich!
schwupps!
} Ausruf zur Bezeichnung der Schnelligkeit, mit welcher ein Schlag ꝛc. gegeben wird, z. B.: schwupps! hatte er eine Ohrfeige.

Se, pron., nachlässige Aussprache von ‚Sie‘; hören Se mal; woll'n Se sich nicht setzen ꝛc.

Seebär, m., alter Seemann.

seelensgut, a., sehr gutmütig.

Seelenverkäufer, m., kleines Boot, Nußschale.

Seelenwärmer, f., gestrickte, wollene Frauenweste.

semmelblond, a., hellblond.

Senf, m., Reb.: seinen Senf zu etw. geben = seine Meinung über etw. sagen, sein Urteil abgeben.

Senge, pl., Prügel.

sengerig, a., brandig, z. B.: hier riecht es sengerig; die Geschichte scheint mir etwas sengerig zu sein.

setzen, v. int., es setzt Prügel = es giebt Prügel.

siehste! = siehst du!

simpeln, v. tr., sich einseitig mit etw. beschäftigen; Fach simpeln = über sein Berufsfach sich unterhalten; Familie simpeln = Familienverkehr aufsuchen, s. versimpeln, v. int.

so so, la la, bezeichnet etw. als mittelmäßig, z. B.: wie geht's? Na, so so, la la 2c.

sohlen, v. int., viel reden; **Sohlpeter,** m., **Sohlmeier,** m. 2c. s. ansohlen, v. tr.

Sonnenbrüder, pl., obdachlose Bummler.

spanisch, a., Red.: das kommt mir spanisch vor, b. i. sonderbar, merkwürdig.

spazifizieren, v. int., scherzhafte Corrumpierung von spazieren, z. B.: wir gingen ein Bißchen spazifizieren.

spendieren, v. tr., jem. etw., etw. zum besten geben, jem. mit etw. freihalten; Red.: die Spendierhosen anhaben = sehr freigebig sein, sich in freigebiger Laune befinden.

Sperrenzchen, pl., Ausflüchte, Umstände, Winkelzüge; Sperrenzchen machen = sich sperren, Ausflüchte machen, sich sträuben.

Spitz, m., kleiner Rausch.

spitzen, v. refl., sich auf etw. spitzen = zuversichtlich etw. erwarten, auf etw. fest rechnen.

splinter=
splinterfaser=
splitter=
splitterfaser=
} **nackt,** a., ganz nackt.

Sprengsel, m., munteres, lebhaftes Kind.

Spritze, f., 1. Ausflug; dazu **spritzen,** v. tr., einen Ausflug wohin machen; **Spritztour,** f., Ausflug; 2. Dienstmädchen.

Sprung, m., Red.: auf dem Sprung stehen, etw. auszuführen = im Begriff sein 2c.

Sprünge, pl., Red.: 1. jem. auf die Sprünge helfen = ihm den Standpunkt klar machen, jem. anspornen; 2. keine große Sprünge machen können = keinen großen Aufwand machen können.

spucken, v. int., Reb.: jem. auf den Kopf (auch Zopf) spucken (derb) = jem. den Standpunkt klar machen, ausschelten.

Spur, f., Reb.: keine Spur! = kein Gedanke!

Staaks, m., gew. langer Staaks = langer Mensch.

Standpauke, f., spöttischer Ausdruck für ermahnende Rede.

Stapel, m., Reb.: etw. von Stapel lassen = 1. veranstalten, abhalten, z. B. ein Fest; 2. eine Rede von Stapel lassen, b. i. halten; Brief von Stapel lassen = verfassen, abschicken 2c.

stapeln, v. int., gehen.

statiös, a., hübsch, elegant, fein (von Personen).

stecken, v. tr., Reb.: dem hab' ich's aber ordentlich gesteckt = dem habe ich gehörig die Wahrheit gesagt.

Steckenpferd, n., Liebhaberei.

Steert, (Steerz) m., Schwanz.

steifen, v. refl., sich auf etw., eigensinnig auf etw. beharren.

steigen, v. int., 1. vor sich gehen, geschehen, stattfinden: wann steigt denn das Konzert?; 2. gehen, sich wohin begeben, z. B.: zu jem. hinsteigen = jem. besuchen; in's Examen steigen, 2c.

Stellage, f., Gestell.

Stengel, m., Reb.: 1. vom Stengel fallen = überrascht, verwundert sein; 2. geknickt sein wie ein Lilienstengel = sehr niedergeschlagen sein.

sternhagelvoll, a., schwer betrunken.

Stich, m., Reb.: einen Stich haben (von Speisen und Getränken) = einen stechenden, säuerlichen Geschmack haben in Folge beginnender Verderbnis.

sticheln, v. tr., Anspielungen auf eine Person machen, welche diese beleidigen oder zum Zorn reizen sollen.

Stiefel, m., Reb.: einen guten Stiefel vertragen können = viel trinken können, ohne berauscht zu werden.

ſtiefeln, v. int., (auch ſtiebeln), gehen.
ſtiebitzen, v. tr., jem. heimlich etw. wegnehmen.
Stift, m., Kellnerlehrling.
Stinkadores, f., gebräuchlichſte der zahlreichen Bezeichnungen für eine ſchlechte Cigarre.
ſtippen, v. tr., tauchen, eintunken, z. B. von Bröbchen ꝛc. das man in den Kaffee taucht, ſ. einſtippen, v. tr.
Stippviſite, f., kurzer Beſuch.
Stoff, m., kurzweg für Bier.
ſtökern, v. int., ſtochern, mit einem Stock, einer Stange ſtoßen, ſchlagen ꝛc.
Stöpſel, m., kleiner, dicker Menſch.
ſtramm, a., kräftig, wohlgebaut, z. B.: ein ſtrammer Kerl.
ſtrampeln, v. int., mit den Beinen heftige Bewegungen machen.
ſtrampſen, v. tr., jem. heimlich etw. wegnehmen.
ſtreben, v. int., energiſch arbeiten, beſ. für's Examen.
Streithammel, m., ſtreitſüchtiger Menſch.
Stremel, m., kleines Stück, Weilchen; jem. einen Stremel begleiten; einen Stremel mit jem. reden.
Strich, m., Reb.: jem. auf dem Strich haben = gegen jem einen Groll hegen.
Strick, m., durchtriebener Menſch.
ſtriezen, v. tr., jem. heimlich etw. wegnehmen.
Striezi, m., geckenhafter Bummler.
Strippe, f., Bindfaden.
Strohſack, m., in Ausrufen des Erſtaunens, Aergers ꝛc.: heiliger Strohſack! gerechter Strohſack!
Strohwittwe, f., eine Frau, deren Mann verreiſt iſt, und dem entſprechend **Strohwittwer**, m.
ſtruwelig, a., ſtruppig, ungebürſtet und ungekämmt (Struwel- kopf, Struwelpeter).

stuckern, v. int., stoßende, erschütternde Bewegungen verursachen, z. B.: ein Wagen, der über schlechtes Pflaster fährt, stuckert.

Studentenfutter, n., Traubenrosinen und Knackmandeln.

Stulle, f., Butterbrot.

Stummel, m., Ende einer Cigarre, eines Lichtes ꝛc.

stumpen, v. tr., jem. stoßen, ihm mit dem Fuß einen Stoß versetzen.

Stumpfsinn, m., (konkret u. abstrakt) langweilige Sache, Unternehmen; phlegmatische Stimmung; **stumpfsinnig**, a., langweilig (von Personen und Sachen); **Stumpfbolt**, m., langweiliger Mensch, s. rumstumpfen, v. int.

stupsen, v. tr., stoßen.

Stupsnase, f., Stumpfnase.

Stuß, m., (konkret u. abstrakt) Unsinn, Scherz.

sudeln, v. int., saugen.

Suff, m., 1. Trunksucht; 2. überhaupt das Trinken: Stiller Suff.

Süffel, m., Säufer.

süffig, a., leicht und angenehm zu trinken.

Summs, m., überflüssiges Reden, Wortschwall, unwillkommene Rede: Mach' doch keinen Summs!

sumpfen, v. int., milder Ausdruck für liederlich, locker leben, s. rumsumpfen, v. int., und versumpfen, v. int.; **Sumpfhuhn**, n., unsoliber Mensch.

süß, a., Kosewort für alle möglichen Dinge: Was für ein süßes Kind! ein süßes Kleid ꝛc.

Süßholz, a., Red.: Süßholz raspeln = schöne Redensarten machen, jem. den Hof machen.

tapern, v. int., ungeschickte, unbeholfene Bewegungen machen; **taperig**, a., unbehilflich; **Tapergreis**, m., alter, schwacher Mensch; **Tapermichel**, m. ꝛc.

Taps, m., ungeschickter, tölpelhafter Mensch; **tapsen**, v. int., = tapern (s. b.); **tapsig**, a., ungeschickt.

Taschenmesser, n., Red.: zusammenklappen wie ein Taschenmesser = eine tiefe Verbeugung machen.

Tatterich, m., Zittern der Hände, das sich einstellt, wenn man z. B. stark gezecht hat; **Zungentatterich**, m.

Techtelmechtel, n., 1. heimliches Liebesverhältniß; 2. geheime Verabredung, um einen zu hintergehen.

thätig! adv., ermunternder Zuruf: na, immer thätig!

Thran, m., Red.: im Thran sein = in einem apathischen Zustande sich befinden, schläfrig im Reden und Thun sein; **Thranfritze**, m.

thun, v. int., Red.: thu' doch nicht so! = verstell' dich doch nicht!

Tick, m., Eigensinn, Grille.

Tier, n., ein großes Tier = berühmte, hochgestellte Persönlichkeit.

Tingeltangel, n., Café chantant &c.; die darin auftretenden Sängerinnen: **Tingeltangelösen**, pl.

Tinte, f., Verlegenheit; Red.: in der Tinte sitzen, in die Tinte geraten &c.

Tippel, m., Tüpfel, Punkt.

titschen, v. tr. u. int., s. bitschen.

Toback, m., Red.: anno Toback = vor undenklichen Zeiten.

Töle, f., Hündin, auch Hund.

toll, a., wunderlich, närrisch, sonderbar; wild, ausgelassen.

Ton, m., Wort; einen ernsten Ton mit jem. reden &c.

torkeln, v. int., taumeln, unsicher gehen.

Trab, m., Red.: jem. auf den Trab bringen = jem. zur Vernunft bringen, ihm den Standpunkt klar machen; aus der Ruhe aufscheuchen, anspornen.

trampsen, \
trappsen, } v. int., geräuschvoll auftreten beim Gehen.

Tratsch, m., Geplapper, albernes Gerede; Bekrittelung von Personen, (f. Getratsch); **tratschen**, v. int., viel, umständlich, breit reden; klatschen; **Tratscherei**, f. = Tratsch.
Trauerfunzel, f., trüb brennende, schlechte Lampe.
Trauerkloß, m., langweiliger Mensch.
trecken, v. tr., ziehen.
treischen, v. int., stark regnen.
treten, v. tr., jem. auffordern irgend einer Verpflichtung nachzukommen, z. B.: geliehenes Geld zurückzuerstatten ꝛc.; dazu **Treterei**, f., Aufforderung ꝛc.
Triene, f., einfältiges Frauenzimmer: dumme Triene!
triezen, v. tr., jem. ärgern, quälen.
trödeln, v. int., zögern, langsam sein, (f. vertrödeln, v. tr.).
trollen, v. refl., sich entfernen, weggehen.
Trompetertisch, m., Nebentisch für die, welche an der Haupttafel nicht mehr Platz haben.
Trost, m., Red.: er ist nicht bei Trost = nicht bei Sinnen, nicht gescheit.
Trubel, m., Aufregung, Unruhe im Hause.
trudeln, v. tr. u. int. rollen.
Truthahn, m., Butterbrot mit deutschem Käse.
Tülle, f., der Ausguß am Topf, Kanne ꝛc.
Tulpe, f., Bierglas, das einen Schnitt (f. b.) enthält.
tuscheln, v. int., flüstern.
tuten, v. int., blasen.
tutschen, v. int., saugen, lutschen.

übelnehmisch, a., (übelnehmerig) launig, empfindlich, leicht reizbar.
über, praep., Red.: jem. in etw. über sein = überlegen sein; das ist mir über = ich habe es satt.
übermorgen, adv., Red.: ja, übermorgen! = da kannst du lange warten.

überplanschen, v. tr. u. int., Wasser ꝛc. übergießen, überschütten (s. planschen).

überschnappen, v. int., den Verstand verlieren, närrisch, verrückt werden.

überschwappen, 1. v. tr., übergießen; 2. v. int., überlaufen.

üppig, a., übermütig.

Ulk, m., Scherz, Unsinn, Ausgelassenheit, harmloser Blödsinn; **ulken**, v. int., Unsinn treiben, **ulkig**, adj., spaßig, lustig (s. anulken, v. tr., verulken, v. tr.).

um, adv., Reb.: das ist sehr um = das ist ein großer Umweg.

umgucken, v. resl., sich umsehen, sich wundern, sich getäuscht finden: da wirst du dich umgucken = da ist es nicht so, wie du denkst.

umkegeln, v. tr., etw. umwerfen.

umschichtig, a., abwechselnd.

umsegeln, v. int., umfallen.

umspringen, v. int., mit jem., nicht viel Federlesens machen.

Umstandskasten, m., umständlicher, langsamer, unpraktischer Mensch.

ungeschoren, Reb.: jem. ungeschoren lassen, d. i. unbehelligt, in Ruhe lassen.

Unglückswurm, n., (meistens scherzhaft) elender, kleiner, unglücklicher Mensch.

unheimlich, a., riesig, außerordentlich; unheimlich viel Geld ꝛc.

Unke, f., Reb.: bezecht wie eine Unke.

unterhaken, v. tr., jem. unterfassen, den Arm jemandes nehmen.

unterkriegen, v. tr., jem. bewältigen.

unverfroren, a., dreist, keck.

uzen, v. tr., jem. necken, hänseln, verhöhnen, anführen, zum Besten haben.

verabschiedigen, v. tr. u. refl., verabschieben.

veralbern, v. tr., 1. jem. durch alberne Reden verwirrt machen; 2. verspotten, verhöhnen, lächerlich machen.

verballern, v. tr., verprügeln.

verbiestern, v. refl., sich hartnäckig in etw. vertiefen, z. B. in ein Spiel, ein Buch 2c.

verbuttern, v. tr., verthun.

verbohren, v. refl., sich in etw. vertiefen; **verbohrt,** a., sonderbar, seltsam, verdreht; verbohrte Ansicht, verbohrter Mensch 2c.

verbumfiedeln, v. tr., er hat Alles verbumfiebelt = er hat sein Geld verschwendet.

verbummeln, 1. v. tr., eine Zeit verbummeln, müßig hinbringen; etw. verbummeln = etw. auszuführen vergessen, durch Nachlässigkeit verschleppen; 2. v. int., verkommen, z. B. ein verbummeltes Genie (f. bummeln).

verdonnern, v. tr., verurteilen, z. B.: jem. zu einer Geldstrafe verdonnern.

verdreht, a., 1. sonderbar, verwirrt, verrückt, nicht ganz bei Sinnen; 2. verwickelt, rätselhaft, unerklärlich.

verduften, v. int., leise, unbemerkt sich entfernen.

verflixt, a., schwierig, verwickelt, rätselhaft.

verflucht, a., pfiffig, schlau, z. B. ein verfluchter Kerl.

vergallopieren, v. refl., durch Uebereilung im Reden etw. sagen, das man verschweigen wollte.

Verhältnis, n., konkret für Schatz, Liebster, Liebste, z. B.: da geht mein Verhältnis.

verhauen, 1. v. tr., jem. durchprügeln; 2. v. refl., sich versehen, einen Fehler machen, auch wie sich ‚vergallopieren' (f. b.).

verheddern, v. tr. u. refl., verwirren, bes. Bindfaden, Wolle 2c.

verhohnepiepeln, } v. tr., verhöhnen, schlecht machen, ver-
verhohnipeln, } spotten.

verhunzen, v. tr., verderben, etw. beschädigen, so daß es unansehnlich wird.

verhutzelt, part., klein, verwachsen, zusammengeschrumpft.

verjuxen, v. tr., (bes. Geld) leichtsinnig durchbringen, verjubeln.

verkabbeln, v. tr., etw. durch ungeschicktes Schneiden unansehnlich machen; z. B.: einen Braten verkabbeln = schlecht transchieren; ein Brot verkabbeln ꝛc.

verkeilen, v. tr., 1. jem. durchprügeln; 2. etw. verkaufen, versetzen.

verkieken, v. refl., sich versehen (s. kieken).

verklammt, a., steif vor Kälte, verfroren (z. B. an den Händen).

verklatschen, v. tr., jem. verläumden, anzeigen ꝛc.

verklieren, v. tr., etw. durch Schmieren verderben (s. klieren).

verklopfen, (auch verkloppen) v. tr., 1. jem. durchprügeln; 2. etw. verkaufen.

verknaxen, v. tr., verstauchen, z. B.: sich den Fuß verknaxen (s. Knax).

verkneifen, v. tr. u. refl., 1. sich etw. versagen, auf etw. verzichten; 2. Red.: seinen Schmerz verkneifen, d. i. unterdrücken.

verknurrt, part., erzürnt, ärgerlich.

verknusen, v. tr., etw. vertragen, ruhig hinnehmen, sich gefallen lassen, bes. negativ gebraucht z. B.: das kann er gar nicht verknusen = nicht ausstehen.

verkonsumieren, v. tr., verbrauchen, verzehren.

verkorksen, v. tr., 1. etw. verderben, ungeschickt ausführen ꝛc.; 2. sich etw. verkorksen = beschädigen, z. B.: sich den Magen verkorksen = sich den Magen verderben; sich den Arm verkorksen = ihn verstauchen (s. korksen).

verkrümeln, v. refl., sich in einem großen Raum verlieren, nach und nach verloren gehen (von Personen und Sachen).

verläppern, v. tr., fein Geld verläppern = nach und nach für allerlei Kleinigkeiten ausgeben; seine Zeit verläppern = an unwesentliche Dinge verlieren; (auch verleppern).

verloddern, 1. v. tr., vernachlässigen (bes. seine Kleidung); 2. v. int., durch Faulheit und Nachlässigkeit verderben, zu Grunde gehen, liederlich werden.

vermengelieren, v. tr., vermengen, vermischen.

vermickert, a., kränklich, schwächlich, schlecht genährt.

vermöbeln, v. tr., 1. durchprügeln; 2. vergeuden; 3. jem. heruntermachen (in Recensionen), kein gutes Haar an ihm lassen.

vermummeln, v. refl., sich warm einhüllen.

vernarrt, part., Red.: vernarrt sein in etw. oder jem. = eine übermäßige, thörichte Zuneigung zu etw. empfinden.

verpicht, part., Red.: verpicht sein auf etw. = begierig auf etw. sein.

verpimpeln, v. tr., jem. verhätscheln, verzärteln (f. pimpeln).

verplempern, v. tr., verschwenden, vergeuden (bes. Zeit, Geld).

verprudeln, v. tr., eine Handarbeit durch unordentliches Nähen rc. verderben; dann auch von anderen Sachen z. B.: eine Zeichnung verprudeln.

verpudeln, v. tr., eine Sache durch Ungeschicklichkeit verderben.

verpulvern, v. tr., schnell verschwenden, vergeuden (bes. von Geld und Gesundheit).

verpusten, v. refl., Atem schöpfen, ausruhen, von einer Anstrengung sich erholen (f. Puste).

verputzen, v. tr., schnell mit etw. aufräumen, schnell verbrauchen, z. B.: seine Kräfte verputzen; sein ganzes Geld verputzen.

verrammeln, v. tr., verschließen, unzugänglich machen.

verrungenieren, v. tr., (f. rungenieren), etw. ruinieren, verderben, in Unordnung bringen.

Vers, m., Reb.: da kann ich mir gar keinen Vers brauf machen = das kann ich mir nicht erklären.

versalzen, v. tr., verderben, bes. jem. ein Vergnügen, einen Spaß versalzen.

Verschiedenes, n., Reb.: da hört doch Verschiedenes auf! = das ist zu arg.

verschimpfieren, v. tr., etw. verunstalten, entstellen.

verschlampampen, v. tr., durch Schlemmerei verschwenden, durchbringen, s. schlampampen.

verschnappen, v. refl., unbedachtsam etw. verraten, was man verheimlichen wollte.

verschnupft, a., ärgerlich, mißlaunig, verstimmt.

verschossen, part., Reb.: verschossen sein in jem. = verliebt sein.

verschrecken, v. refl., sich erschrecken.

verschrumpeln, v. int., vertrocknen, Runzeln bekommen, z. B.: ein verschrumpeltes Gesicht.

verschwiemelt, part., übernächtig, bes. verschwiemelt aussehen.

verschwitzen, v. tr., etw. vergessen, aus dem Gedächtnis verlieren.

versetzen, v. tr., jem. sitzen lassen, im Stich lassen, eine getroffene Verabredung nicht einhalten.

versilbern, v. tr., etw. verkaufen, zu Geld machen.

versimpeln, v. int., durch einseitige Beschäftigung beschränkt werden, s. simpeln.

versohlen, v. tr., jem. durchprügeln.

vertellen, v. tr., etw., erzählen, sagen :c.; ich will dir mal was vertellen.

vertrackt, a., verworren, unangenehm, schwierig (von Sachen).

vertröbeln, v. tr., 1. Zeit vertröbeln = vergeuden, unnütz hinbringen; 2. etw. vertröbeln = etw. auszuführen vergessen, etw. durch Nachlässigkeit verschleppen.

vertrommeln, v. tr., jem. durchprügeln.

vertütern, v. tr. u. refl., Bindfaden, Wolle, ein Gewebe verwirren: der Faden hat sich vertütert.

vertuschen, v. tr., eine Angelegenheit durch Schweigen vergessen zu machen suchen.
verulken, v. tr., jem. verhöhnen, durch Spöttereien lächerlich machen (s. Ulk).
verwichsen, v. tr., jem. durchprügeln (s. Wichse).
verzapfen, v. tr., gewähren, verabreichen (von allen möglichen Dingen) z. B.: Musik wird nicht mehr verzapft = es wird nichts mehr gespielt. Du willst Geld haben? — „wird nicht mehr verzapft".
Visage, f., Gesicht (verächtlich).
Vogel, m., Red.: einen Vogel haben = verrückt, überspannt sein.
vollgepropft, part., mit Menschen überfüllt.
vollmachen, v. refl., sich verunreinigen, sich die Kleider beschmutzen, z. B. bei Regenwetter.
vollpfropfen, v. refl., sich voll essen.
vorbeigelingen, v. int., mißlingen, nicht gelingen.
vorflunkern, v. tr., jem. etw., ihm etw. vorlügen.
vorkommen, v. int., Red.: bei einem mit vorkommen = ihn gelegentlich besuchen; ich werde nächstens mal bei Ihnen mit vorkommen.
vorkriegen, } v. tr., jem. zur Rede stellen, ihm in's
vornehmen,   }   Gewissen reden.

wabbelig, a., 1. von Speisen, flau, widerlich weich, ungewürzt; 2. von Fett zitternd (bei Erschütterung), schlobberig, weich, schlapp.
wabbeln, v. int., schlottern, zittern, von weichen, fetten Körpern.
wälzen, v. tr., Red.: es ist zum wälzen = zum krank lachen; sich vor Lachen wälzen = übermäßig lachen.
wanzen, v. int., als Ueberzähliger beim Kartenspiele sitzen; auch von anderen Gelegenheiten gebraucht, wo man als unthätiger, unbefugter Zuschauer fungiert.

Waschlappen, m., energieloser Mensch.
Waschweib, n., schwatzhaftes Frauenzimmer.
Wastel, m., Schimpfwort, gewöhnlich in gutmütigem Sinn, wie: Kerl.
weg, adv., 1. etw. weg haben = etw. begriffen haben, etw. gründlich verstehen; 2. etw. weg bekommen haben = Schaden genommen haben, z. B.: sich eine Erkältung zugezogen haben; 3. weg sein = hingerissen, entzückt sein: er war ganz weg, als er sie sah; 4. in einem weg = in einem fort, fortwährend.
weiß, a., Reb.: jem. etw. weiß machen = ihm etw. vorlügen.
Weltgeschichte, f., Reb.: da hört doch die Weltgeschichte auf (Ausdruck des Erstaunens) = das ist unglaublich!
Wichse, pl., Schläge, Hiebe, Prügel, s. verwichsen, v. tr.
Wickel, m., Reb.: jem. beim Wickel kriegen (ihm am Genick fassen) = zur Rede stellen.
Wimmerholz, n., Guitarre, Zither.
Windbeutel, m., 1. Gebäck mit Schlagsahne; 2. leichtsinniger übermütiger Mensch.
windig, a., (von Menschen), unzuverlässig.
Wippchen, pl., Reb.: jem. Wippchen vormachen = Vorspiegelungen, Ausflüchte, nichtssagende Ausreden machen.
wispern, v. int., flüstern.
Wohlgefallen, n., Reb.: sich in Wohlgefallen auflösen, scherzhaft für: sich auflösen.
wohlhabend, a., (von Sachen), vornehm, nobel, z. B.: dein neuer Mantel macht einen sehr wohlhabenden Eindruck.
Wolkenschieber, m., 1. Mütze mit breitem Schirm; 2. Schnaps.
woso? Reb., scherzhaft für: wieso?
Wuppdich, Reb.: in einem Wuppdich = in einem Nu, (zur Bezeichnung der Schnelligkeit, mit der eine Bewegung ausgeführt wird).

Wuppdizität, f., Geschwindigkeit, Elastizität.
Wurst, f., (gew. Wurscht) Red.: das ist mir Wurst = gleichgültig, einerlei; **Wurstigkeit**, f., Gefühl der allgemeinen Wurstigkeit = allgemeine Indifferenz; Wurst wider Wurst = wie du mir, so ich dir; **wursteln**, v. int., (wurschteln) geschäftig hin- und her eilen (s. rumwursteln).
Wurstkessel, m., Red.: im Wurstkessel sitzen ꝛc. = in der Enge sein, in einer mißlichen Lage sich befinden, in der Klemme sitzen.
Wuschelkopf, m., Kopf mit lockigem, dichtem Haar; **wuschelig**, a., lockig.
wuschen, v. int., hinfahren über etw., fegend über etw. hinwischen.
wüst, a., 1. schwindlig, z. B.: mein Kopf ist ganz wüst; 2. unordentlich, wüst durcheinander: hier sieht es ja wüst aus.
wutschen, v. int., huschen, leise gehen, entwischen; s. rauswutschen.

X-Beine, pl., nach auswärts, wie ein X gestellte Beine.
X-beliebig, a., ganz beliebig.

zappelig, a., ungeduldig.
Zauber, m., 1. Festlichkeit, Aufführung ꝛc., z. B.: bei A's ist heute Abend großer Zauber; 2. allgemein für Sache gebraucht, wie Geschichte (s. b.) z. B.: fauler Zauber!; den Zauber kennen wir ꝛc.
Zaunpfahl, m., Red.: Wink mit dem Zaunpfahl = sehr deutlicher Wink, nicht mißzuverstehende Andeutung.
Zeisig, m., lockerer Zeisig = leichtsinniger Mensch.
zerbeln, v. int., prickelnd jucken.
zerknautschen, v. tr., zerknittern.
zermatschen, v. tr., zu Brei machen, s. Matsch.
zerpolken, v. tr., etw. zerpflücken. s. polken.

zertöpfern, v. tr., zerbrechen, zerwerfen, entzwei schlagen, bes. von Geschirr.

zertrampeln, v. int., zertreten.

Zeug, n., 1. für Sachen überhaupt, bes. für etw. Unbekanntes, dessen Benennung man nicht kennt: das Zeug schmeckt nicht schlecht (von Speisen); 2. Unnützes, Unbrauchbares aller Art; 3. Reb.: was das Zeug hält = ganz gehörig, so stark wie möglich.

ziehen, v. int., Effekt, Eindruck machen, z. B. von einem Theaterstück.

ziepen, v. tr., an den Haaren zupfen, zerren.

zieren, v. refl., spröde, stolz, affektiert thun.

zimperlich, a., ängstlich, schüchtern.

Zinken, m., (derb) Nase.

Zopf, m., Reb.: jem. auf den Zopf spucken (derb) = jem. ausschelten, jem. den Standpunkt klar machen.

Zotteln, pl., lange Haare; **zotteln**, v. int., langsam gehen, fahren ꝛc.

zusammenläppern, es läppert sich zusammen = es mehrt sich nach und nach, kleinere Geldposten repräsentieren allmählig eine große Summe, (auch zusammenleppern).

zusammenschrumpeln, v. int., eintrocknen, zusammenschrumpfen.

zuschustern, v. tr., beisteuern zu etw.

zwei beide, Reb., pleonastisch für beide: wir zwei beide.

zwiebeln, v. tr., jem. quälen, plagen, peinigen, ärgern.